互联网时代下共享经济商业模式应用探索

赵 爽 著

中国商务出版社
CHINA COMMERCE AND TRADE PRESS

图书在版编目（CIP）数据

互联网时代下共享经济商业模式应用探索 / 赵爽著

. — 北京：中国商务出版社, 2022.8

ISBN 978-7-5103-4391-9

Ⅰ. ①互… Ⅱ. ①赵… Ⅲ. ①商业模式－研究 Ⅳ. ①F71

中国版本图书馆CIP数据核字(2022)第151172号

互联网时代下共享经济商业模式应用探索

HULIANWANG SHIDAI XIA GONGXIANG JINGJI SHANGYE MOSHI YINGYONG TANSUO

赵爽　著

出　　版：中国商务出版社

地　　址：北京市东城区安外东后巷28号　　邮　编：100710

责任部门：发展事业部（010-64218072）

责任编辑：陈红雷

直销客服：010-64515210

总 发 行：中国商务出版社发行部 （010-64208388　64515150）

网购零售：中国商务出版社淘宝店 （010-64286917）

网　　址：http://www.cctpress.com

网　　店：https://shop162373850.taobao.com

邮　　箱：295402859@qq.com

排　　版：北京宏进时代出版策划有限公司

印　　刷：廊坊市广阳区九洲印刷厂

开　　本：787毫米×1092 毫米 1/16

印　　张：10.25　　　　　　　　　　字　数：220千字

版　　次：2023年1月第1版　　　　　　印　次：2023年1月第1次印刷

书　　号：ISBN 978-7-5103-4391-9

定　　价：63.00元

前　言

共享经济是一种新型的经济发展模式，在"互联网+"的影响下，传统的商业模式发生了较大改变。时代的发展促进了现有商业模式的优化调整，不但使资源实现了合理配置，而且使互联网技术应用的领域不断扩大和延伸。我们要结合当前发展形势，明确创新思路，确定创新途径，将共享经济商业模式的作用和效能充分发挥出来，从而促进共享经济的快速发展。

传统的商业模式在"互联网+"的影响下受到了一定的冲击，我们需要抓住当前时代的发展机遇，对共享经济发展模式有一个正确的认知，在产业优势不断提升的基础上，对传统商业模式做出改变。共享经济可以将商品、供应方、需求方联系在一起，在进行优化转移的过程中获取经济效益，并建立一个完善的共享经济平台。只有不断创新商业模式，才能满足"互联网+"时代发展的需要，从而保证共享经济的稳定运行。

本书基于"互联网+"背景下，对共享经济商业模式的应用进行了探索。首先，概述了共享经济的相关内容；其次，分析了互联网时代背景下传统经济领域的"共享"概念、共享经济思维创业及创造价值的战略形态、共享经济思维创业获取价值的商业模式以及基于O2O视角的共享经济商业模式；最后，对"互联网+"时代下共享经济商业模式的应用做了重点探讨。

另外，在写作过程中，作者参阅了相关专家的文献资料，在此向这些专家表示衷心感谢。由于本人水平有限，书中难免存在不足，敬请读者批评指正。

目录

第一章 共享经济概述

共享经济是全球新一轮科技革命和产业变革下涌现的新业态新模式，是绿色经济的表现形态，它一经产生和发展就加快了资产权属、组织形态、就业模式和消费方式的革新。从资源节约的角度看，发展绿色经济就是要发展共享经济。共享经济跨越了传统产品供给和服务供给的时空约束，可以有效提高社会资源利用效率，便利人民群众生活，培育经济发展新动能。

第一节 共享经济的崛起

一、共享经济时代的来临

（一）共享思想的滥觞

"共享"是中国古代经济伦理思想中的一个基本价值观念。

儒家非常推崇共享，在《论语·雍也》中孔子说的"己欲立而立人，己欲达而达人"和"博施于民而能济众"实际上就是提倡共享。《论语·季氏》进一步指出"盖均无贫，和无寡，安无倾"，朱熹注解为"均"系"各得其分"之意，亦包含共享之意。

儒家经典《礼运》明确提出"大同"思想——"天下为公，选贤与能，讲信修睦"，郑玄注解为"公"指"共""人不独亲其亲，不独子其子，使老有所终，壮有所用，幼有所长，鳏、寡、孤、独废疾者皆有所养"。

由此可见，"大同"中蕴含的共享思想在中国思想史上产生了深远的影响。

（二）共享经济的兴起

"共享经济"最早出现于 1978 年的《美国行为科学家》。2008 年金融危机之后逐渐被广泛传播和接受。这是人们在遇到经济危机的困境后，对自己购买过的太多"无用"物品有了更多的关注和理解，人们开始不再追求使用价值和炫耀财富，转而更多地思考这件物品所带来的意义，人们希望在提高物品利用率的同时获得回报。

共享经济的发展经历了一个很长的历程。20 世纪 70 年代以前，由于产品丰裕程度和技术水平的限制，加之地域的隔膜、交通的不便，可用于共享的物品和服务非常有限，且只有少量的或没有报酬，而共享又需要彼此间的信任，共享范围有限、影响不大，即使有也多出现在亲友邻里之间。从 20 世纪 70 年代到 90 年代末，随着经济的发展，信息技术的进步突破了人际交往的时间、地域等诸多因素的限制，共享范围大大拓展，为陌生人之间的信息共享提供了可能。由于市场、物流等基础设施和平台尚未搭建完善，此时期实物共享并不多见，多是以共享免费信息为主。

进入 21 世纪后，随着移动互联技术飞速进步、智能手机迅速普及、第三方支付流行以及共享经济平台的出现，使共享经济由概念转变成现实，共享经济行为迅速出现人们在日常生活中的各个领域。信息交流速度的提升和广度的拓展，人与人之间的联系日益密切，这些都为共享经济的产生创造了条件。特别是越来越多的闲置物品不能被充分利用，为人们的资源共享提供了可能。通过资源共享，人们不仅可以将自己闲置的资源分享给他人，而且还赚得了一些收入，既方便了他人，又受益了自己，这种互利互惠的双赢的新型经济模式迅速得到大众的认可和喜爱，并成为一种不可逆转的大趋势。

2008 年是共享经济发展至关重要的一年。由于经济危机爆发并席卷全球，世界经济进入寒冷期，人们的收入也急剧缩减，许多人的生活由此陷入困顿，为开源节流，人与人之间相互协作、互通有无，为共享经济的发展提供了巨大的市场空间，大批共享经济公司也由此产生。2008 年的全球经济危机首先从美国蔓延开来，使美国的房地产业备受打击，尤其是让许多通过银行贷款购房的美国人损失惨重、入不敷出。同时，美国房价的暴跌、房地产经济的萧条产生了一系列连锁反应，这些反应影响了社会的各行各业，使美国的失业率不断上升、经济面临巨大困境。在经济寒冬里，美国各大知名企业纷纷将各自闲置的办公室、汽车、物品放到互联网的平台上，希望通过共享使用来减少其损失，在这样特定的社会环境中，共享经济形态迅速受到民众的认可、欢迎并接受。随着经济的发展、技术的进步、消费观念的转变，人们的消费行为也在不断改变，越来越多的个人消费实体被共享，"共享经济"的潮流亦逐渐成为社会的主流产业模式之一。

在中国，共享经济首先发端于交通领域。2010 年，滴滴打车和快的打车的先后成立，标志着我国的共享经济正式出现。2014 年，美国优步进入中国，形成交通领域的"三足鼎立"之势。2015 年初，滴滴和快的实现战略合并。近年来，随着"互联网+"行动计划的实施及"大众创业、万众创新"政策的推进，共享经济从最开始的交通领域迅速扩展到餐饮住宿、物流快递、资金借贷、交通出行、生活服务、医疗保健等行业。2014—2015 年，我国的共享经济企业呈井喷式发展，新增共享经济企业数量同比增长 3 倍，席卷十大主流行业，并超过 30 个领域。

二、共享经济的内涵

共享经济是利用以互联网等现代信息技术为基础平台对现有资源进行整合、分享和利用，提高资源利用效率的一种新型经济模式。

不同于传统产权观中"拥有才可以使用"的理念，共享是指"使用而非拥有"，这是共享经济的内核。这里的共享特指使用权的转移，但支配权不发生改变，即拥有者与使用者按一定合约共同分享资源的价值。因互联网信息技术而形成的"使用而非拥有"，主要优势在于"让共享变得更容易"，将物品的归属权与使用权相分离，更加注重对使用权的最大化利用。换句话说，共享经济是以"不使用即浪费"和"使用所有权"为基本理念，倡导"租"而非"买"，突出"使用权"而非"拥有权"，强调开放、去中心化的一种经济模式，其鼓励人们彼此分享暂时闲置的资源，从而提高资源的使用效率。在共享经济这一模式中，沟通和共享将成为一种新的生产力，共享经济给传统经济模式带来了一定的冲击。

共享经济将社会的各种资源重新配置、整合和优化，并使其发挥最大作用。共享经济作为未来经济的3个趋势（共享经济、社群经济、虚拟经济）之一，是一种全新的经济模式，人们通过互联网共享能源、信息和实物，让其使用权代替了所有权，让其共享价值代替了交换价值。与传统经济模式相比，共享经济具有运营成本低、资源利用率高、商品或服务到用户之间环节简化的优点，更容易得到大众的认可与欢迎。

互联网的快速发展，电子商务等新型交易模式的出现促进了在经济活动中新支付方式的兴起、推广和普及，支付宝、微信等移动支付平台的飞速发展也赋予了"共享经济"崛起的通道。社交网络从最初鼓励人们共享日志、视频等虚拟内容，到之后共享线下实物，人们忽然发现了一片新的经济发展空间。

从狭义上来说，共享经济是以获得一定报酬为目的，建立在互信的基础上，陌生人之间物品使用权暂时性转移的商业模式。随着共享经济内涵的不断扩展，广义的共享经济模式已扩展至在网络信息平台上人们对闲置的物品进行租赁、二手转让等范围。同时，共享经济模式包括对闲置资产、技能、服务进行共享的协同生活方式。

共享经济的核心是提高商品和服务的效用价值。在互联网信息技术尚未成熟和普及之前，实现资源共享的成本非常高，甚至高于其产生的效用，所以共享经济一直缺乏有效的发展模式。当移动互联网将交易的成本问题逐渐"解决"后，共享经济的浪潮就到来了。特别是共享平台的搭建，为商品及服务提供者与用户之间构筑了一座桥梁，使用户需求与商业服务之间的衔接更加精准，特别是在交通、信息服务等领域，用户的需求能够得到快速响应，从而大大提高了商业活动的效率。凭借成本低廉、交易高效、沟通便捷的优势，共享经济模式迅速融入各行各业，从共享充电宝到共享雨伞，一系列的共享经济新形态不断涌现，带动了共享经济的快速发展。

共享经济与分享经济、租赁经济是不同的概念。租赁经济是在互联网等现代信息技术出现之前通过租赁行为获得财产使用权的一种商业模式，分享经济是在移动互联网和物联网发展起来后传统租赁经济在现代信息经济背景下的一种发展和演进。分享经济是在不改变财产所有权的前提下对其使用权的转让和分享，但所有权和使用权是独占而排他性的，因此会形成一种"属于我的东西你使用"的行为，即同一件物品能够在不同的时间和不同的空间里供不同的使用者使用。虽然共享经济与分享经济都会把物品的所有权和使用权分开，但共享经济物品的使用权是不同的经济主体可以同时拥有而不具有排他性，没有时空条件的制约。分享经济侧重提高闲置资源的使用效率并获取一定的经济收益，而共享经济是通过现代信息技术整合全社会的各种资源而出现的一种新型商业模式。滴滴顺风车、共享单车属于共享经济的范畴，在商业模式上属于 B2C 模式，共享经济的商业行为则表现为 C2C 模式。苹果应用商店（App Store）、安卓应用商店（The Android App Store）、GPS 全球定位系统、谷歌地图以及百度、阿里巴巴、腾讯、今日头条、美团、滴滴打车、携程、Uber、Airbnb、Booking 等互联网平台打造了共享经济这种新型经济模式。网上的打车平台、酒店预订平台、美食预订平台是共享经济模式，而提供车辆服务、美食和酒店的住宿服务就是一种可以分享解决的商品或服务。从范围上说，共享经济包括了分享经济。

三、中国大力推进共享经济

2016 年 4 月，国务院办公厅印发《关于深入实施"互联网 + 流通"行动计划的意见》提出，积极推进流通创新发展，鼓励发展分享经济新模式。

2017 年 1 月，国务院印发《国家教育事业发展"十三五"规划》，提出利用大数据、云计算等信息技术，推动"互联网 + 教育"新业态发展，促进优质教育资源共建共享。

2017 年 1 月，国务院印发《"十三五"促进就业规划》提出，编制出台共享经济发展指南，通过放宽市场准入、创新监管手段、引导多方治理等优化环境，完善消费者权益保护等相关政策，促进共享经济健康发展。

2017 年 5 月，国家发改委等 14 个部门联合印发《循环发展引领行动》提出，创新消费理念，大力发展分享经济，把分享经济作为优化供给结构、引导绿色消费的新领域，延长产品生命周期，提高资源利用效率。

2017 年 7 月，国家发改委等八部门联合印发《关于促进分享经济发展的指导性意见》，就如何进一步营造公平规范市场环境、促进分享经济更好更快发展等进行了部署。

2018 年 5 月，国家发展改革委办公厅、中央网信办秘书局、工业和信息化部办公厅联合印发《关于做好引导和规范共享经济健康良性发展有关工作的通知》提出，通过构建综合治理机制、推进实施分类治理、压实企业主体责任、规范市场准入限制、加强技术手段建设、推动完善信用体系、合理利用公共资源、保障个人信息安全、规范市场竞争秩序、加强正面宣传引导、完善应急处置保障，努力营造推进共享经济健康良性发展的良好氛围。

2019 年 2 月发布的《中国共享经济发展年度报告（2019）》显示，2018 年我国共享经济交易规模 29420 亿元；生活服务、生产能力、交通出行三个领域共享经济交易规模位居前三，分别为 15894 亿元、8236 亿元和 2478 亿元；生产能力、共享办公、知识技能三个领域增长最快，分别较上年增长 97.5%、87.3% 和 70.3%。共享经济参与者人数约 7.6 亿人，参与提供服务者人数约 7500 万人，平台员工约 598 万人。共享经济领域直接融资规模约 1490 亿元，知识技能、交通出行和生产能力领域直接融资规模位居前列，分别为 464 亿元、419 亿元和 203 亿元。截至 2018 年底，全球 305 家独角兽企业中有中国企业 83 家，其中具有典型共享经济属性的中国企业 34 家，占中国独角兽企业总数的 41%。2015—2018 年，网约出租车客运量占出租车总客运量的比重从 9.5% 提高到 36.3%；共享住宿收入占住宿业客房收入的比重从 2.3% 提高到 6.1%；在线外卖收入占餐饮业收入的比重从 1.4% 提高到 10.6%；共享住宿收入年均增速约为 45.7%，是传统住宿业客房收入的 12.7 倍：在线外卖收入年均增速约为 117.5%，是传统餐饮业的 12.1 倍；网约车服务收入年均增速为 35.3%. 是巡游出租车服务的 2.7 倍。出行、住宿、餐饮等行业的共享新业态对整个行业增长的拉动作用分别为每年 1.6、2.1 和 1.6 个百分点；网约车用户在网民中的普及率由 26.3% 提高到 43.2%；在线外卖用户普及率由 16.5% 提高到 45.4%；共享住宿用户普及率由 1.5% 提高到 9.9%；共享医疗用户普及率由 11.1% 提高到 19.9%。

国家信息中心分享经济研究中心预测，未来几年，共享经济将保持年均 40% 左右的速度增长，到 2020 年，交易规模将占 GDP 比重的 10% 以上。

（一）共享经济推动互联网技术的发展和应用

充分利用互联网等现代信息技术是共享经济的一大特点。互联网等技术既是共享经济的推动力，也是持续发展的基础。信息技术和网络社会的普及，为人类生活带来了极大的便利，同时伴随着生活方式的创新，网络支付方式和基于云端的网络搜索、识别核实、移动定位等网络技术的流行，让跨时间跨空间的交流变成了可能，也大大降低了人们进行共享的交易成本。物联网的分布式、协同式特点和横向规模结构，使数以百万的人们聚集在巨大的协同共享体系中共同生产并分享其成果成为可能。发达的现代信息技术为共享经济的发展提供了基础，反过来共享经济进一步推动了互联网技术的发展和应用。

（二）共享经济让闲置资源得到充分利用

强化使用权、弱化所有权是共享经济的特点，共享经济的一个重要特征就是改变了人们对传统消费观念的认知，强调消费的过程而不在意拥有的过程。以使用权替代所有权，如共享单车等，可以不需要拥有但能获得这辆车某一时段的使用权。从某种意义上讲，一方面，人们在某个时间段内对一些物品使用和体验的感觉，比一直占有却大部分时间闲置的其他物品更有价值；另一方面，从消费者对共享经济模式的接受程度来看，关注物品使用权的消费方式可以极大地节约成本。

（三）共享经济助力公平市场机制的建立

共享经济的另一个特点是轻资产形式、去中介化、分布式的商业模式运营，在这种经济模式下，每一个体既是商品或服务的供应者也是使用者，它省去传统商业架构中的中介环节，通过使用者和被使用者之间的直接交流与对接，极大提升了信息对称度和沟通效率，也节约了时间和成本。在去中心化、分布式的组织体系中交易双方都是平等的，能够很大限度地消除垄断和欺诈，从而形成公平、平等的交易市场。

（四）共享经济节约社会公共成本

供应者和消费者角色互换并出现产消者是共享经济带来的一个重大改变。在共享经济模式下，商品或服务的供应者和消费者角色转换频繁，界限模糊，这需要买卖双方都让位于产消者，即产权让位于资源共享，所有权让位于使用权，传统市场让位于互联网市场。这样可以极大地节约社会公共成本，提高资源的利用率。

（五）共享经济带来多元化创新

共享经济的一个功能是人们通过移动互联网对闲置商品或服务进行共享，其依托互联网、信息技术和相关平台将分散的商品或服务进行整合，让闲置资源在供需双方之间实现合理流转和优化配置，进而驱动商品的组织形态、利用方式、消费方式等方面的多元化创新。不仅便利了人们的生活，缓解了产能过剩现状，还为经济提供了新的增长点，但也对现行的法律制度、政府监管、社会信用等方面带来了更为严峻的挑战。只有不断完善和发展现有的制度及措施，才能推动共享经济健康有序发展。

第二节　共享经济的特点及发展的源动力

一、共享经济的特点

目前，共享经济虽然缺乏统一的名称，但其本身有着自己的内涵和特点。接下来，我们来看一下共享经济模式的一些特点。

（一）强调使用权思想，弱化所有权观念

共享经济的一个重要特点就是改变了人们对传统消费的认知，其强调消费的过程，而不在意拥有的过程，如图1-1所示。以使用权替代所有权，即你可以不拥有一辆车，但可以拥有这辆车在某段时间内的使用权，完成从A点到B点的出行；可以不拥有一套房子，却可以拥有在一段时间内对一间房间的居住权。对今天的人们来说，一方面，在某个时间段对物品使用和体验的感觉，比长时间拥有，却大部分时间闲置的物品更有价值；另一方面，从消费者对共享经济模式的接受程度来看，其关注使用权的消费方式可以极大地节约成本。

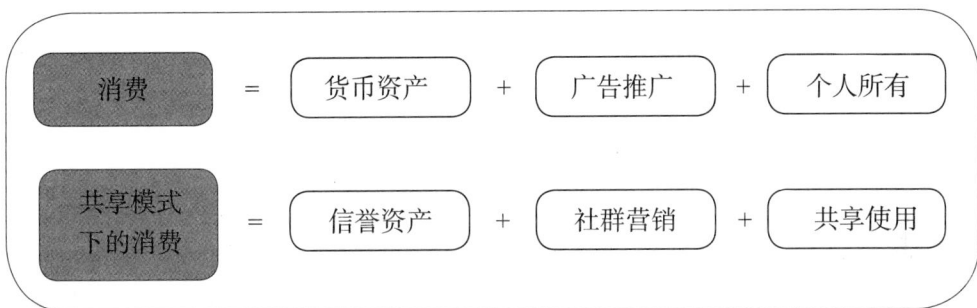

图1-1　消费观念和模式的转变

（二）以轻资产的形态、去中心化、分布式的商业模式运营

这里更多的是指P2P模式的共享经济，人人即组织。在这种经济模式下，每一个个体既是商品或服务的供应者，也是使用者。供需双方直接对话，将传统商业架构中的中间环节全部打通，减少交易过程中的分销和渠道环节，打破信息不对称，从而可以拥有极高的沟通效率。在去中心化的、完全分布式的组织体系中交易双方都是平等的。这种典型的互联网下的组织形式，能够消除垄断，形成公平、平等的交易氛围。

同时，作为共享经济模式的运营主体公司，因为本身并不拥有交易的商品或服务，这些公司都是通过完全轻资产的模式来运营。Uber不拥有一辆车，然而每天有上百万人通过Uber打车；Airhnb虽然不拥有一间房间，但是每天全世界有上万人通过Airhnb订房；阿里巴巴不拥有一件商品，其却是全球最大的电子商务网站，2016年仅"双十一"一天就有价值超过900亿元的商品在这里成交。轻资产的商业模式使得这些公司能够聚焦如何为客户提供更好的服务和体验，而商品和服务的提供则通过众包社会资源来完成。

（三）充分利用互联网和移动互联网技术，这是重要的核心载体

因为在共享经济产生和发展的过程中有着非常重要的作用，互联网和移动互联网技术既是共享经济产生的推动力，也是其持续发展赖以依托的基础。只有通过现在的移动互联网技术，才能将我们以前认为不可能的、跨地域的、点对点的交流变为可能。

从目前来看，成功的共享经济企业都是通过建立在一定技术基础上的平台来开展业务的。

（四）供应者和消费者的角色转换，产消者（Prosumer）出现

在共享经济模式下，商品或服务的供应者和消费者之间的界限模糊，买卖双方都让位于消费者，产权让位于资源共享，所有权让位于使用权，市场让位于网络；信息制造、能源产生、产品生产和学生教育的边际成本都接近零。

二、共享经济发展的 1.0 阶段和 2.0 阶段

从共享经济的商业形态来看，截至目前，共享经济的发展经过了两个阶段。共享经济发展的 1.0 阶段最早出现在 2000 年。这个阶段的一个特点是以 PC 互联网为主要的承载方式，人们通过计算机进行沟通、交流、分享。eBay 是早期共享经济的代表，eBay 提供了一个第三方的电子商务平台，买卖双方通过 eBay 这个平台进行商品交易，处置闲置物资。同样类似的还有全球最大的分类广告网站之一的 Craigslist 网站（类似于国内的 58 同城），人们可以在上面进行各种形式的信息发布和交换。这一阶段的另一个主要特点是 B2C 模式，这一模式的典型企业是被称为最早汽车分享模式代表的成立于 2000 年的 Zipcar 公司。该公司将汽车停放在居民集中的地区，该公司的会员可以直接上 Zipcar 公司的网站或者通过电话搜寻自己需要的车，网站根据停车地与会员所在地之间的距离，通过电子地图排列出车辆的基本情况和价格来方便会员预约取车。

到了 2008 年，共享经济进入了新的阶段。共享经济 2.0 阶段的特点之一便是智能电话以及移动互联网技术在共享经济模式上的广泛使用。以苹果为代表的智能电话的出现让人们可以在远离办公桌的每一个角落随时使用智能设备办公，而移动设备应用的出现又让手机软件中充满了各种生活的场景。于是，基于移动设备应用的共享经济模式层出不穷，Uber、Airbnb，Lending Club 公司等都是这方面的代表公司。共享经济 2.0 阶段的另一个特点是，经营模式从企业与个人之间（B2C）更多地走向了个人与个人之间（C2C 或 P2P），去中心化的思想和模式开始出现，人们发现个体之间可以打破过去由中介所垄断的信息不对称而进行充分沟通。而企业运营的理念也慢慢从"重资产"向"轻资产"的角度发展转变。企业不再聘用过多的正式员工，不再购置昂贵的资产，而是专注运营商品和客户体验。

三、共享经济发展的源动力

共享经济发展的 2.0 阶段极大地挖掘了共享经济模式内在的发展动力，将该模式的发展推到了另一个高峰。通过剖析共享经济发展的源动力，我们可以看到以下因素在发挥作用。

（一）经济发展因素

一个方面是宏观经济发展状况。共享经济进入快车道的主要时间段是在 2008 年美国金融危机后。金融危机发生后，经济下行，人们的可支配收入减少，分摊成本成为人们的生活方式。如何在不增加更多费用的前提下，还能够维持过去的生活状态，就需要人们在有限的资源范围内进行分享再利用，如分摊采购成本等。而如何寻找更多的收入来源也成为人们的一个目标。这就使得以兼职雇用方式为代表的共享经济有了足够的供应者和服务者。美国"互联网女皇"玛丽·米克尔（Mary Meeker）在其一年一度的报告中提到，美国目前自由职业者占劳动者比例的34%，已达 5300 万人。而这也是千禧一代所崇尚的工作状态——自由、不被固定的职业所束缚。

另一个方面可以归功于资本市场的繁荣，在过去的十年中，资本市场一次次刷新着投资纪录，许多具有创新业务的小公司，在风险资本的推动下得到快速成长，并成为拥有成熟商业模式的成功的世界级企业，其中，既有脸书、阿里巴巴，也有共享经济领域的巨头，如 Uber、Airbnb 等。因为互联网的许多新业态、新模式，试图改变传统的业务方式以及人们固有的消费习惯，而如何推动消费者去尝试新事物、新产品，这是需要付出代价的，这也使得"烧钱"成为许多互联网产品前期占领市场的必要手段。例如，在国内滴滴打车、快的打车的"补贴大战"期间，据相关报道，在最高峰期间一天中这个公司曾"烧掉"近两亿人民币，而在这背后，如果没有风险资本的巨大支持是无法完成的。

（二）社会文化因素

社会文化因素首先来自人们对其消费观念的改变。在 20 世纪的价值观中，人们对于拥有某些有价资产给其带来的身份象征会很在意，资产的拥有数量是衡量一个人地位的标准，也是其用来向身边群体炫耀的资本。21 世纪，人们依旧有喜欢炫耀的天性，但是对 90 后或者 00 后来说，炫耀的东西发生了变化，随着物质的极大丰富，年轻人更乐于分享的东西从有形转向了无形，他更喜欢炫耀一种体验或者思想、一次旅行、一场美食约会、一个有意义的活动，而不是赤裸裸的物品。在美国如此，在中国亦如此，看看微信朋友圈里人们分享内容的转变，就知道是这种内心的文化因素在起作用。

这样的文化因素，让更多人对"拥有权"和"使用权"有了明显不同的偏好。"不求天长地久，只求一时拥有"就成为最好的写照。"轻资产"的生活方式在年轻人中成为一种模式。正如《连线》杂志创始人凯文·凯利所言："有条件获得某种东西要比真的拥有它更重要。"在数字时代，也许我们要思考如何重新定义"拥有"。

另外，对消费的重新认识也是推动共享经济发展的重要动力。在未来，也许我们不考虑消费什么，而是要思考如何消费。《未来是湿的：无组织的组织力量》（Here Comes Everybody）一书的作者克莱·舍基（Clay Shirky）说："人类发展的历史表明，幸福并非来自物欲，而是来自感同身受。当我们在迟暮之年回首自己的人生经历时，在我们的记忆中脱颖而出的很少会是关于物质利益、名誉或是财富方面的。触动我们内心深处的时刻就是那些同感激荡的时刻。来自我们自身的超然感觉以及对他人通过奋斗获得成功的满足感的体会，仿佛那是我们自己的成功一样。"

我们不需要拥有唱片，我们需要的只是唱片播放出来的音乐；我们不需要拥有产品，我们需要的只是产品背后的使用价值。人们长期以来把自由定义为个人占有和个体行为自由。但对千禧一代来说，这种占有关系的理念正在被打破。未来，越来越多的消费者会接受、认同亚里士多德提出的理念："从整个人类社会发展上来看，功能共享比私人占有具备更大的优势。"我们消费得越多，留给其他人可用的生活空间就越少。同样地，生活中，我们花在物质享受上的时间和空间越多，留给与别人相处的时间和空间就会越少。

另一个来自社会心理方面的推动力是由网络社交所带来的人与人之间信任程度的提升。共享经济发展面临的一个困难，是过去的分享发生在身边的朋友或熟人之间；而在今天的共享模式下，更多的交易和交换发生在陌生人之间。如何判断陌生人的身份？如何能够放心地与陌生人做交易？信任从何而来？

互联网从两个方面来给参与者提供评判的依据：一方面，互联网上人人都是社交网络的成员，在国外有脸书、推特，在国内有微博、微信以及电子商务网站，这些社交网络记录了一个人最有价值的生活信息，供人们从生活的点滴数据判断这个人的大致轮廓。另一个方面是在互联网模式去中心化所构建的用户评价体系中，服务者的水平不是一个机构来评价，也不是他本人来评价，服务者的信用和评分来自体验过其服务的用户的客观评价。

这些数据的样本，如果达到一定的量，就会形成一个相对客观的评价。有学者提出，新经济时代的货币可能不是银行的存款，而是在网络上来自陌生人对你的口碑和信任。你平时在互联网群里留下的足迹和行为，也许就是衡量你的"口碑资产"的依据。我们看到一些拥有大量互联网数据的公司正在朝着这个体系迈进，如支付宝的芝麻信用。

一个有趣的现象是，我们从许多共享经济企业的口号中，都可以看到其也在积极倡导这些信条，如任务共享平台 Task rabbit 公司的口号是"致力于帮助用户与值得信任的友邻建立联系"，Airbnb 的口号是"致力于创建一个更友好、互信的世界"，Uber 的口号是"提供有信誉的城市拼车"。

（三）技术创新因素

共享经济发展的第三个推动力量是技术。技术的发展，特别是 2008 年以后移动互联网技术水平的提升在共享经济的发展过程中起到了非常重要的作用。首先是推动了移动通信设备智能电话的普及，韩国 KT 经济经营研究所《2015 年上半年手机趋势》报告显示，截至 2015 年 3 月，全球智能手机的普及率已超过 60%，而包括中国在内的多个国家的拥有率已达 70%~90%，移动设备的普及使得人们的许多生活和商业场景都可以在移动设备上开展。

除移动设备外，在移动应用软件方面，技术水平也得到了极大提升。苹果应用市场的 App 数量已经超过 150 万个，这些 App 应用给人们提供了更多的便利。同时，搜索技术的发展，让人们可以从海量信息中找到自己需要的信息；GPS（地理位置服务）定位技术可以精确地定位买卖双方的地理位置；移动支付技术，如贝宝（Pay Pal）、支付宝、微信支付等，能够使支付过程更加便捷、安全。

另外，大数据的发展也为共享经济提供了有力的工具，通过精准的算法，将共享经济这种以 P2P 为主要模式的供需散点信息、资源进行整合配对。如何在海量信息中提供更有针对性的商品或服务，这需要数据技术的同步发展。

（四）环境保护因素

对地球环境的日益忧虑也使得人们不得不更多地考虑资源的有效利用，减少碳排放，保护地球。例如，汽车共享模式，不需要每个人都拥有一辆车，分享共用一辆车就意味着减少一辆车的碳排放量，这无疑是环保爱好者所推崇和乐于接受的。

另外，因为城市化进程的加快，越来越多的人涌入大城市，对各类资源的需求在急剧上升，城市越来越臃肿，城市的效率在降低。如何提高资源的利用效率、降低闲置率，对城市的管理者来说，这是必须要考虑的问题。

四、共享经济的商业模式分类

目前，除技术交付手段外，共享经济的商业模式从表现形式上主要可以分为以下三类。

第一类模式是在共享经济 1.0 阶段占主流的模式，是企业与个人之间，即所谓的 B2C 模式。在这种模式下，由机构统一采购管理并将商品以服务的模式出租或销售给个人，个人不需要拥有整个商品，只需要拥有其个阶段的使用权。这一类型的代表包括车辆分享的 Zipcar 公司、教科书分享的 Chegg 公司、视频分享的 Netflix 公司等。

第二类模式是目前共享经济发展的主流模式，是个人与个人之间，即所谓的 P2P 模式。在这种模式下，每个个体既是供应者也是消费者，个体与个体之间通过第三方平台进行交流，并将闲置的商品或者服务进行交易。机构只提供交易的便利性，如撮合、沟通、支付等，而不拥有交易商品或服务。这一类型的代表包括住宿分享的 Airbnh 公司、出行分享的 Uber 公司等。

第三类模式是企业与企业之间的交易模式，即所谓的 B2B 模式。这种模式发生在企业与企业之间，通过第三方平台，将企业的闲置资源与其他企业进行分享来获得收益。这一类型的代表有办公室分享的 Liquid Space 公司、企业大型工业设备租赁的 Getable 公司等。

第三节　共享经济的运行与应用

一、共享经济改变经济发展方式和消费方式

（一）从扩大增量到深挖存量

传统的社会商业模式是通过提高生产效率、扩大生产规模、拓展生产空间、增加物质供给，来提高人们的生活水平，如盖更多的房子、制造更多的汽车、生产更多的衣服等。这是在社会物质总量不断增加的基础上，给人们提供最大化的优质服务。而共享经济则打破了原有的经济形态和模式，人们不再片面追求物资的丰裕度，而是通过共享的方式使人们的需求得到快速而精准的满足，即在不增加总供给的前提下，通过社会资源的优化配置，提高社会存量资源的利用率来满足人们的需求，由此开辟了经济发展的新路径。

（二）由购买、长租到高频的短租

传统模式下人们获得某种商品或服务的方式主要有购买和租用两种。购买交易成本高，不是每个人都能承担，故大多数人一般选择长租，长租成本亦不菲。

随着互联网信息技术的迅速发展及消费观念的转变，在线短租凭借能充分满足用户多元化和个性化的需求，成为年轻人潮流的消费方式。受经济利益的驱动，许多企业纷纷聚集，短租市场因此异军突起，发展迅速，并衍生出更多新形式，即在线短租、长租公寓，共享办公。除租房外，还有租车，租车一般是按天计算，这种方式常见于外出办公和旅游，经济实用、方便灵活，很受年轻人欢迎。能高效对接供需关系，极大地减少了时间的消耗，降低了交易成本，使短租成为共享经济的另一种常见方式。

（三）由专职到灵活就业

随着市场经济的发展，人力成本呈不断上升趋势，人力资源越来越被看作是可用于交易的，但人们的就业方式多是专职的，且以劳动时间的长短作为给予报酬的重要标准，这就不可避免地出现人力资源的闲置与错位现象。在共享经济和互联网技术、智能设备和物联网飞速发展的背景下，人们的就业观念发生了改变，灵活就业受到越来越多劳动者的青睐。另外，信息技术的发展使就业的组织结构和雇佣关系发生了重大变化，个人与组织更多以商业伙伴形式出现，极大提高就业的灵活性，具体表现为兼职和分时就业等多种不同形式。

二、共享经济的商业运行模式

（一）平台取代传统企业

随着经济的高速发展和人们生活水平的不断提高，社会经济类型由短缺型经济向过剩型经济转变，人们的消费需要也日益多元，开始从物品的所有权向使用权转变，无论是个人还是企业，皆可以将其所拥有的闲置物品分享给他人，并从中赚取利益。共享经济之所以能极大地节约成本，并能为用户提供高效的服务，是因为其通过与数据、智能终端计算机技术的结合，重新配置闲置资源，实现了商品或服务的再分配。这就需要共享平台的连接和转换。

共享平台一方面吸纳闲置资源，另一方面引入需求方，构成"产能过剩＋共享平台＋人人参与"模式，在适当的时间将供需双方进行匹配，交易结束后，平台收取一定的管理费用。平台代替企业并不是简单地对供需双方进行信息匹配，而是在信息综合分析、利用的基础上对闲置资源进行及时、充分的再分配，从而达到资源合理配置的最大化。

这种模式下，企业拥有资源的所有权，以企业为中心，通过平台将这些资源提供给需求者。需求者并不拥有这些资源，但通过有偿付费的方式，需求者能够获得这些资源的使用权，并与其他需求者一起分享资源。从企业角度来看，只是暂时出让资源的使用权，不变更所有权；从消费者角度来看，消费者只是在特定的权限内拥有资源的使用权，且其选择范围更广。

（二）个体经济的出现——消费商

从新制度经济学角度看，市场和企业是两种可以相互替代的资源配置手段。市场上，可以由价格机制自动调节资源配置；企业里，可以由权威组织完成资源配置。互联网信息技术的普及，使信息流通更为快速精准，极大地减少了交易成本，当市场组织交易成本比企业内组织交易成本更低时，就导致传统企业边界收缩。在共享经济时代下，传统企业中的雇佣关系已经不再适应，取而代之的是合作与互相信任，这样就使得个体经济的重要性日益凸显。

随着移动互联网技术的不断发展，没有企业能拥有所有资源的所有权。闲置或盈余的资源，分散在市场的各个角落，这些资源的主体是个人，也有企业。在这个市场中，没有资源所有权的个体可以拥有这些资源的使用权。整个市场可以通过互联网信息技术平台，实现个体间的资源分享或交换。个体与个体之间都可以进行分享，市场中多点的相互连接就形成了一张无中心、巨大的并可以无限延伸的网络。

个体经济借助互联网技术强势"回归"，在共享平台下直接向需求方提供商品或服务，从而获取收益，并且这样构建的利益分配体系更加公平。因此，个体已不再只是消费者的角色，只要个体拥有资源或手艺就能成为一名"商人"，就可以"消费商"的身份存在于社会中。个体经济更多地体现在资本分割性较强的服务类行业中，与其他行业比较，此行业较多存在着用小部分或无须资本就能提供产出的单个劳动者。

（三）企业对企业的商业模式

所谓企业对企业的商业模式，也被称为 B2B 商业模式，即供应方和需求方都是企业。企业间可以通过某个平台，实现对企业闲置资源或盈余资源的共享或交换。这样供应方可以通过过剩资源的分享来降低企业的运营成本，需求方可以通过非常低的成本来获取其需要的资源，从而达到双赢的效果。

B2B 的经济共享，使企业降低了运营成本，减少了不必要的开支，还能在一定程度上提高效率。这样使企业可以将更多的精力放在自己擅长的领域，将一些不擅长的领域外包给专业性的组织，为消费者提供优质的服务或更为舒适的体验。从深层次讲，这种模式可以帮助企业简化资源，运作更为敏捷，更快地应对市场的变化。

三、共享经济的应用领域

随着互联网技术、移动智能终端设备的发展和普及，共享式消费理念已被许多人接受，众多企业也开始了在共享经济领域的尝试。在中国，共享经济在发展初期主要围绕"住"与"行"两个方面展开。随着经济的发展、技术的进步和观念的改变，共享经济的应用已经由住宿与出行扩展到其他服务领域，如金融、物流、家政服务、医疗、教育、租赁等行业。

（一）交通领域

近几十年来，随着我国经济的发展，汽车不再是人们的梦想，越来越多的人拥有了私人汽车，在城市，尤其是在大城市，开车出行已成为人们日常生活的一部分。但是，这也给城市带来了诸多问题，如交通压力增大、环境质量下降、空驶率高等。为保护环境和减少交通压力，一方面，政府在大城市出台了诸多限行的措施；另一方面，随着互联网技术的进步和移动支付手段的普及，人们将闲置的汽车或车位进行充分利用成为可能。

交通行业是共享经济目前在全球范围应用最广的一个领域，其也是在我国的共享经济应用最多的领域。共享交通不但满足了消费者"求而不得"的需求，而且有效避免了车辆闲置资源无法被有效利用带来的浪费。虽然目前共享交通在应用过程中出现了一些问题，但随着信息技术的进步和政策法规的完善，共享出行行业逐渐规范化，这些都将解决问题。共享交通行业主要有共享租车、共享驾乘、共享自行车、共享停车位等类型。

交通出行的共享基于巨大的存量市场，通过信息平台将社会大量闲置的各类车资源、司机资源、停车位资源等置于一个大的网络之中，在改变人们出行方式的同时，又提升了交通闲置资源的利用率，所以，共享交通行业有很好的发展前景。

2018年3月，《中国共享单车行业发展报告（2018）》显示，我国2017年累计投放单车约2300万辆，覆盖200个城市；全行业累计注册用户2.21亿人，累计骑行299.47亿千米。由此可见，科学、规范、有序地推动共享交通行业的发展，能优化交通结构，改变人们的出行方式，让人们步入绿色低碳的生活。

（二）住宿领域

随着人们生活观念和消费方式的不断变化，传统的酒店和宾馆已经无法满足消费者的多元化需求，加上互联网电商的日渐成熟，以及用户对短期租赁的需求量越来越大，催生了线上短租在中国的兴起和发展。

2011年开始涌现的爱日租、蚂蚁短租等一系列在线短租企业，标志着短期租赁的正式起步。这些短租企业在为旅途中的人们带去更具个性化服务的同时，也进一步提高了资源的利用效率，使得部分闲置资源发挥其经济价值。线上短租是共享住宿的典型代表，即房屋所有者把自己的房源信息通过线上公布出来，有短租需求的用户，对其中意的房源可以在线与房主交流直到交易成功。目前，短租房源主要集中分布在一线城市以及旅游景区，但随着经济的发展、交通出行的便利和消费观念的转变，共享住宿正向大城市周边以及二三线城市扩散，成为人们喜爱的常用租赁方式。

2018年5月，《中国共享住宿发展报告2018》显示，我国2017年共享住宿市场交易规模约145亿元，参与人数约为7800万人，共享住宿平台内的国内房源数量约为300万套。预计到2020年，我国共享住宿市场交易规模将达到500亿元，共享房源超过600万套，房客数会超过1亿人；"民宿+"将引领行业生态化潮流，进一步拓宽就业创业渠道，增加城乡居民收入。

（三）物流领域

共享物流是通过共享物流资源，实现物流资源优化配置，提高物流系统效率，降低物流成本，变革物流系统而形成的新模式，是共享经济的重要领域。共享物流围绕共享配送资源、共享仓储资源、共享物流信息资源、共享物流技术与装备资源及跨界共享来实现各类共享物流，如车主在返程或拼货过程中，通过在线发布运输相关信息，满足更多用户在物流运输方面的需求，以此提升车辆使用率，降低用户物流成本。目前，国内有3000多万辆货车，平均空载率为40%，尤其是返程空载，将成为物流共享的基础。基于发达的物流信息网络数据，实时跟踪每辆货车的多余空间，并将其智能共享给需要的客户，云鸟科技、人人快递公司都建立了中国共享物流服务体系，有利于减少货车空跑，从而充分实现运力效益的最大化。

第四节　共享经济带来的价值和隐忧

一、共享经济带来的价值

共享经济在给人们生活带来了极大便利的同时，也在改变着原有的商业形态。有人为其欢呼，摇旗呐喊；有人视之为洪水猛兽，设卡围堵。如果不以所涉及的利益分配的角度而论，我们就来看一下，截至目前，共享经济到底为我们带来了什么价值？

（一）资产的有效配置，效率的大幅提升

通过共享经济所建立的买卖双方撮合交易的平台，可以将供应方闲置或者盈余的资产最大化利用，这些资产既包括有形的房子、汽车、工具，也包括无形的技能、经验。从经济学的角度来看，如果当同一个商品的周转次数增加时，其所产生的效用就会放大，而共享经济所带来的资源有效配置，除了闲置的商品或服务配置，还会带来许多附加的增量资源配置。例如，许多通过 Uber 提供租车服务的驾驶员，在为乘客提供服务的过程中，两个陌生人之间的交流，又会带来新的合作机会，据说，这也成为一种企业招募人才的方式。

除模式之外，共享经济利用平台先进的大数据功能还能将撮合交易做到最有效。以共享出行为例，它能帮助快速定位（也许不是离你最近的那一辆）最适合你的那辆车。据管理咨询公司罗兰贝格的研究报告显示，人们使用共享出行的方式打车，会比用原来出租车打车的方式节约 30%~50% 的时间。

（二）"大众创业、万众创新"

共享经济模式在今天中国的经济发展环境中显得尤为有意义。国家正在大力倡导"大众创业，万众创新"。每一个个体如何成为创业中的一分子？创立一家公司，制造出一种产品并将其销售到市场，这是一个复杂的商业过程，不是每一个个体都可以轻易做到的。这需要投入精力、时间和金钱，创业会有成功，也会有失败。

而共享经济模式就提供了这样一个最好的参与方式：不需要新增投入，只要利用闲置资产与闲暇时间，随时就可以开始你的创业。例如，如果有一辆车，你就可以在工作之余，为需要出行的人提供一段驾驶服务；如果有一间空房，你就可以为来自世界各地的游客提供住宿；如果有某方面的专业技能，你就可以通过一些平台，将你的知识分享给有需要的、渴望学习知识和经验的人。你既不需要创造什么新产品，也不需要思考复杂的交易过程，这一切共享平台都帮你安排好了，你需要做的只是用心服务好给你付钱的那个客户。据报道，在国内，前期参与 Uber 之类专车运营的车主每月

的收入可以从几千元到上万元不等,除去汽油等成本后,还有相当可观的收入。据统计,仅 2015 年 Airbnb 就为纽约市创造了 7500 个就业岗位。

李克强总理在 2014 年夏季达沃斯论坛上指出,"大众创业、万众创新"是推动经济发展的一个重要举措。共享经济是经济增长的新动力。共享经济让"双创"的门槛降低。

(三)塑造一种新型的社交关系和商业信任体系

过去几十年,随着城市化进程的加快以及商业社会竞争带来的影响,让人与人之间的关系变得疏远,人们的日常生活集中在家庭与公司的两点一线,偶尔会通过网络与陌生人交流。而共享经济模式,使得陌生人从线上走到线下,从过去的擦肩而过到因为某种分享或交换而相遇、合作,在交流中建立起互相信任的新型人际关系。对许多选择 Uber、滴滴专车的用户来说,每天在车厢里遇到的不再是身穿统一制服的出租车驾驶员,而是不同背景、不同职业的人群,在小小的车厢里,每天都可能与陌生人建立一种新的关系。

同时,在共享经济新兴的组织关系中,个体会比传统消费经济模式更加在乎个人的信誉和口碑。在传统消费经济模式下,商品是商业组织通过费尽心思的广告宣传以及层层销售渠道推销给终端消费者的,消费者通常不会了解到关于这个商品全面的评价,因为负面或者客观的评价可能已经被商家通过各种各样的方式屏蔽了。而从购买者的角度来说,银行里的货币资产是决定你是否可以购买这样商品的唯一门槛。

但在"互联网 +"共享经济的模式下,未来在进行商品交易的时候,除银行里的货币资产外,人们还会有一个"信誉银行"账户,信誉来自对别人需求的尊重和满足而获得的收益。目前,在互联网以及大数据背景下,每个人在互联网上的足迹包括购你买过的商品,你给予的评论,你在社交媒体上传的每一条观点、评论、视频和照片等,这些都会累计你在社会群体中的信誉,并最终得出"你"是否值得信任的结论。未来,你是否能在 Airbnb 上预订一间房,不仅仅取决于你有多少钱,房东是否愿意租给你,一个重要的参考指标就是你的"信誉值"而这都来自于过去行为的积累。

对供应者来说,这样的信誉值同样显得很重要。购买者是否会购买你的商品或服务,参考的是你过往为其他消费者提供服务所获得的评价值。这种完全来自客户端的评价,无法篡改和伪造。供应者有较高的信誉度,除消费者乐于购买外,另一个价值包括更容易被平台推荐及有更高的排位和曝光率,让更多的购买者更方便地找到你。所以,在互联网世界,供应者的销售额不是呈正态分布的,而是遵循马太效应的原理,即强者恒强,弱者被淘汰。在过去,良好的信誉可以给人带来心理上的回报,而在今天,它会带来经济上的回报。

（四）可持续发展的经济价值

经济学家杰里米·里夫金在他的书籍《零边际成本社会》（The Zero Marginal Cost Society）中提到，"互联网＋共享经济"所带来的经济价值在于，买卖双方的交易最终使得边际成本为零。在未来，社会协同与科技进步将共同打造零边际成本社会，即产品边际成本无限降低、市场价格趋近于零，这是最具生态效益的发展模式，也是最佳的经济可持续发展模式。

同时，共享经济的消费理念也会逐步改变人们对价值的认识。把传统意义中那种以卖出多少产品作为好坏的衡量标准的价值体系，转换为一种更多元化的综合评估系统。一种长远考虑下一代人利益的观念将会兴起，就像社会个体开始思考个人利益和集体利益两者之间的平衡一样，政府和企业也开始重新思考和衡量社会进步的标准，开始从社会宏观层面重新解读成功和进步，而不再停留在以前的微观经济层面，如典型的 GDP 理念。GDP 理念只关注经济的增长，而忽视社会贫富差距以及可持续性发展问题。单纯的经济增长，可能是以损害其他方面利益为代价的结果。例如，一个小偷偷了一辆装满化学危险品的集装箱货运车，警察发现后，开始追赶小偷，小偷在慌乱之中翻车，危险品迅速扩散导致人员伤亡。这时候，警察除抓捕小偷外，还通知了消防队、救护车，救援立即展开。随后医院人满为患，后续处理工作耗费了一周时间。当民众都在为事故难过的时候，GDP 的测算人员也在计算事故对 GDP 的影响：计算救护车出勤次数和医院税收、多出来的加班服务费用、多出来的酒店入住费用，以及后续处理工作需要支出的费用。这种方式的导向可能是以短期的利益目标牺牲我们长远的目标，导致后面需要花费更多的成本去弥补之前遗留的问题。因此，从共享经济的角度来看，我们考虑的不仅仅是增量，还要考虑过程。共享经济对价值的评估从单纯的商品，转移到人们生活的综合品质上来。

另外，共享经济在减少商品生产及流通环节的浪费、减少碳排放方面也起到了很重要的作用。根据美国麻省理工学院的研究，拼车能减少 55% 的交通拥堵。一辆充分发挥效用的"共享汽车"可以替代 4~10 辆私家车，人均减少约 40% 的行驶千米数。另一个来自德国的数据显示，"汽车共享"的模式让德国不来梅市每年的二氧化碳排放量减少了 1600 吨。

（五）创造一种更加开放、多元共赢的共享社会

共享经济带来的另一个积极的社会效应是有助于创造一个更加开放、多元与合作共享的社会。在这样的社会中，整个社会经济体系中的权力变得更加分散，而不再集中于少数供货商、生产商和政府手中，因为通过共享经济，人们有条件、有能力依靠自己解决更多的问题，满足自己更多的需求，也创造出更多的合作模式。

在工业时代，每个人都是社会经济体系链条中的一环。大家角色明确，要么是生

产者，要么是消费者。这些角色之间的资源占有情况和权力管理是不对等的。在信息不对称的情况下，生产者可以欺瞒并诱导消费者，中间商会压榨小贩。各种角色之间，在分享着同一个利益蛋糕，即我的获益多了，你的利益就会少，角色之间的关系是竞争的，是一种我赢你输的经济关系。而在共享经济中，人们满足彼此的需求既可以赠送、交换、临时借用、循环利用、共同创造，也可以共同使用，彼此的利益关系是共享的，即我的获益多了，你的获益也不会减少，从而实现经济学上所谓的帕累托最优。

二、对于共享经济的忧虑

当然，作为新生事物，共享经济在其发展过程中也会带来一些隐忧。一方面，共享经济模式给传统经济企业带来较大的竞争压力，包括对出租、酒店、金融等行业，甚至有学者讨论共享经济会对传统资本的运行方式带来挑战。另一方面，共享经济给现有的政策和制度也带来了挑战，由于政策、法规制定的滞后性，必然会存在所谓的政策真空。

《纽约客》杂志认为，类似 Uber 这些共享经济模式下的商业体创造了另一个交通系统，这个交通系统替代了部分现有的公共交通系统的功能，导致了社会要求改善公共交通系统的压力减少。而这些应用的使用者多是年轻人群或者科技爱好者。对老年人和弱势群体而言，则少有惠顾，因此，随着这些应用在更大范围的发展，监管者要考虑好其与公共交通体系之间的关系。

还有些人认为，这些共享经济的商业模式在推广初期，通过使用大量的补贴来获取客户，这对其他同行业者来说会形成不公平的竞争优势。而共享经济的雇用模式，也使得从业者在社会保障方面缺乏考量，未来可能会产生问题。

各国政府对共享经济的认识也存在种种争议，人们很难给予它一个简单的判断。正如哈佛大学教授尤查·本克勒（Yochai Benkler）在一次 TED 演讲中表示的那样，从事互联网工作和研究的一个常见问题，是有时候很难分辨一个新兴事物，究竟是短暂的潮流还是根本性的变革，他说："过去的 150 年，我们一直处于信息革命之中。所谓的工业革命，只不过是信息革命的序章。"

第五节　发展共享经济的对策

一、制定共享经济发展战略

共享经济有效提高了社会资源的利用率，虽然在一定程度上缓解了资源紧张局面，但共享经济的快速发展带来的问题也越来越多。只有把握共享经济发展的特征，做出顺应共享经济发展规律的战略调整，才能促进共享经济的健康持续发展。

（一）制定相应法规和管理办法

促进共享经济更好更快发展，必须加强释法、修法工作，按程序及时调整不适应共享经济发展和管理的法律法规与政策规定，不断优化法律服务。在相关立法工作中，根据国家有关战略部署和共享经济发展特点进行设计，加强制度与监管的适应性。根据需要及时研究制定分行业分领域共享经济管理办法。

要深入推进简政放权、放管结合、优化服务改革，按照"鼓励创新、包容审慎"的原则，发展与监管并重，积极探索推进，加强分类指导，创新监管模式，促进协同治理，健全法律法规，维护公平竞争，强化发展保障，充分发挥地方和部门的积极性、主动性，支持和引导各类市场主体积极探索共享经济新业态新模式。合理界定不同行业领域共享经济的业态属性，分类细化管理。加强部门与地方制定出台准入政策、开展行业指导的衔接协调，避免用旧办法管制新业态，破除行业壁垒和地域限制。清理规范制约共享经济发展的行政许可、商事登记等事项，进一步取消或放宽资源提供者市场准入条件限制，审慎出台新的市场准入政策。要出台各项市场准入、监管措施，事先公开征求公众意见，充分开展咨询评估，提高政策透明度。坚持底线思维，增强安全意识，严格规范准入条件。

（二）建立多方协同治理机制

坚持包容审慎的监管原则，探索建立政府、平台企业、行业协会以及资源提供者和消费者共同参与的共享经济多方协同治理机制。强化地方政府的自主权和创造性，做好与现有社会治理体系和管理制度的衔接，完善共享经济发展行业指导和事中事后监管。充分利用云计算、物联网、大数据等技术，创新网络业务监管手段。加快网络交易监管服务平台建设，实施线上线下一体化管理。平台企业要加强内部治理和安全保障，强化社会责任担当，严格规范经营。行业协会等有关社会组织要推动出台行业服务标准和自律公约，完善社会监督。资源提供者和消费者要强化道德约束，实现共享共治，促进共享经济以文明方式发展。

科学合理界定平台企业、资源提供者和消费者的权利、责任及义务，明确追责标准和履责范围，研究建立平台企业履职尽责与依法获得责任豁免的联动协调机制，促进行业规范发展。平台企业应建立相应规则，严格落实网络主体资格审查，保护消费者合法权益，积极协助政府监督执法和权利人维权。资源提供者应履行信息公示义务，积极配合相关调查。消费者应依法合规使用共享资源。

引导平台企业建立健全消费者投诉和纠纷解决机制，鼓励行业组织依法合规探索设立共享经济用户投诉和维权的第三方平台。依法严厉打击泄露和滥用用户个人信息等损害消费者权益行为。加强对共享经济发展涉及的专利、版权、商标等知识产权的保护、创造、运用和服务。鼓励金融机构结合共享经济需求，创新金融产品和服务。研究制定适应共享经济特点的保险政策，积极利用保险等市场机制保障资源提供者和消费者的合法权益。

鼓励和引导共享经济企业开展有效有序竞争。切实加强对共享经济领域平台企业垄断行为的监管与防范，维护消费者利益和社会公共利益，营造新旧业态、各类市场主体公平竞争的环境。严禁以违法手段开展竞争，严厉打击扰乱正常的生产经营秩序的行为。

（三）推进共享平台建设

积极发挥全国信用信息共享平台、国家企业信用信息公示系统和金融信用信息基础数据库作用，依法推进各类信用信息平台无缝对接，打破"信息孤岛"，建立政府和企业互动的信息共享合作机制，充分利用互联网信用数据，对现有征信体系进行补充完善，并向征信机构提供服务。积极引导平台企业利用大数据监测、用户双向评价、第三方认证、第三方信用评级等手段和机制，健全相关主体信用记录，强化对资源提供者的身份认证、信用评级和信用管理，提升源头治理能力。依法加强信用记录、风险预警、违法失信行为等信息在线披露，大力推动守信联合激励和失信联合惩戒。平台企业要健全信用信息保全机制，承担协查义务，并协同有关部门实施失信联合惩戒措施。

鼓励和支持具有竞争优势的共享经济平台企业有序"走出去"，加强对外交流与合作，积极开拓国际市场，构建跨境产业体系，打造国际知名品牌，培育具有全球影响力的共享经济平台企业。

大力推动政府部门数据共享、公共数据资源开放、公共服务资源共享，增加公共服务供给，提升服务效率，降低服务成本。完善相关配套政策，加大政府部门对共享经济产品和服务的购买力度，扩大公共服务需求。在城乡用地布局和公共基础设施规划建设中，充分考虑共享经济发展需求。鼓励企业、高校、科研机构共享人才智力、仪器设备、实验平台、科研成果等创新资源与生产能力。

（四）制定政策鼓励创业

要积极发挥共享经济促进就业的作用，研究完善适应共享经济特点的灵活就业人员社会保险参保缴费措施，切实加强劳动者权益保障。加大宣传力度，提升劳动者的自我保护意识。对与从业者签订劳动合同的平台企业，以及依托平台企业灵活就业、自主创业的人员，按规定落实相关就业创业扶持政策。

研究完善适合共享经济特点的税收征管措施。依法加强对平台企业涉税信息的采集和税收风险分析工作，加快推进线上线下一体化管理。推广应用电子发票，不断提高共享经济纳税服务的信息化水平，持续增强共享经济纳税服务能力。

（五）建立评价体系

建立健全反映共享经济的统计调查指标和评价指标。充分运用大数据等信息技术手段，创新统计调查方法，推动部门统计信息共享，多渠道收集相关数据并建立数据库，完善统计核算，科学准确评估共享经济在经济发展、改善民生、促进就业和增加居民收入、扩大国内消费等方面的贡献。

二、构建共享经济发展的氛围

（一）创造良好发展环境

各地区、各部门要担起责任，主动作为，切实加强对共享经济的深入研究，因地制宜，不断完善发展环境，创造良好社会预期，务实推进共享经济健康快速发展。鼓励有条件的行业和地区先行先试，充分发挥专业化众创空间、科技孵化器的支撑作用和双创示范基地的示范作用，不断提升服务能力，积极开展相关探索实践。"互联网＋"行动部际联席会议要加强对共享经济发展的统筹协调和政策解读，条件成熟时推动成立共享经济专家咨询委员会，为政府决策提供重要支撑。

（二）建设全社会互信机制

资源共享是一种基于信任基础之上构建的形式，陌生人之间无法在短时间内构建一定的信任，这就需要构建一个信任的共享平台，通过品牌信任以及数据共享平台的信任，来推动共享经济的发展。因此，我们必须要综合实际状况，构建完善的、有效的具有控制、公平、透明以及公开的控制平台，通过对支付管理、效果评估、客户沟通、保险索赔以及信用系统的构建，以保障各项经济权益，进而为共享经济的发展奠定基础。

共享经济中，大部分的消费都需要相信素未谋面的陌生人。而这种信任也是相互的，供给方既要相信自己的东西不会被恶意损坏或占有，需求方也要相信为自己提供服务或产品的人是值得信赖和可靠的，还不用担心因此而面临的钱财损失或人身安全的威胁。如果缺乏这种信任，共享经济就难以扩大受益范围，更谈不上让人们共享发展红利。这需要通过建立安全稳妥的信用体系来保证双方可以安全地交易，让交易双方可以在没见面时就有可以保证的安全感。

（三）充分激活市场主体

随着经济和信息技术产业的发展，特别是智能手机的普及，越来越多的民众被纳入统一的互联网市场中，人们在享受互联网带来便利的同时，也在有意无意间参与着共享经济的发展，并成为共享经济的重要推动者。所以，各级政府必须充分相信民间的力量，调动各种闲置资源，满足多元化需求，让民间力量成为推动共享经济发展的主力军。

（四）转变消费观念

随着年轻一代消费群体对网络依赖度的不断提升，借助互联网优势出现的共享模式逐渐得到更多消费者的认同和青睐。年轻一代不只是强调拥有，而更讲究实用、方便。对自己不需要的物品更愿意放在二手交易平台上进行交易变现，而不是任其闲置。这种消费以"使用"为主，不仅最大化地合理利用了资源，而且避免了资源的浪费。因此，政府和社会理应鼓励共享观念健康发展，使之成为全社会都认可并接受的理念。在这样的观念驱使下，势必会形成人人都参与共享经济发展的氛围，从而促进共享经济的持续健康发展。

三、加强共享平台信息安全管理

（一）加强平台应用系统风险分析

平台应用安全风险主要是指在共享平台的网络信息系统中各应用系统所面临的各种安全风险，包括业务应用平台、数据应用平台、Web平台、FrP服务器等网络基本服务。这些平台、系统和服务主要依赖 Web 浏览器等通用软件，或者依赖商用数据库、中间件等应用开发平台所开发的应用软件，这些通用程序和第三方开发的应用程序自身的安全漏洞和配置不当造成的安全脆弱性会导致整个系统的安全性下降。由于科技创新平台建设网络覆盖面广、用户多，技术人员水平不一，设备的使用措施与管理也存在着一定的风险。同时，对发生在安全区域内突发的安全事件，现有的技术和管理手段既无法迅速准确地对风险做出响应，也无法快速定位威胁来源在哪里，更无法及时调整安全策略来应对这样的安全事件。因此，我们必须加大平台应用系统自身的安全建设，提高抵御外部风险和应对突发事件的能力。

（二）建立有效的网络安全评估

要采用双重方案对网络平台信息进行安全评估。一是安装网络安全性扫描分析系统。通过实践性的方法扫描，分析网络系统，检查报告信息系统存在的漏洞，及时提出建议、补救措施和安全策略，然后根据扫描结果配置或修改网络系统，以达到增强网络安全性的目的。二是安装操作系统安全扫描系统。从操作系统的角度，以管理员的身份对独立系统主机的安全性进行评估分析，找出用户系统的配置、用户配置的弱点，设置补救措施，提高整个平台网络的安全级别。

第二章 共享经济：商业社会的颠覆性变革

共享经济商业模式的本质是同时连接供应者与需求者，使双方互为条件，又相互促进。那么，怎样才能找到供应者与需求者，怎样才能将双方进行有效的信息匹配，怎样才能让这个群体发展壮大，这需要几个重要的条件，也是共享经济形成的必不可少的要素，即新技术、"互联网+"、资源使用权、唤醒与改造以及行业分享。事实上，正是这些要素所构成了共享经济，使商业社会发生了翻天覆地的变化，并为不断消失的工作岗位、不断加大的贫富差距以及日益严重的资源稀缺问题给找到了答案。

第一节 新技术+"互联网+"+资源使用权+唤醒与 改造+行业分享=共享经济

"共享经济"是一个早在1978年就由美国得克萨斯州立大学社会学教授马科斯·费尔逊和伊利诺伊大学社会学教授琼·斯潘思共同提出的术语。当前，在互联网技术发展成熟之后，"共享经济"的概念获得了突破性的影响力，其主要特点是，通过一个由第三方创建的、以信息技术为基础的市场平台为最终的需求方和供给方提供服务连接。百度百科给出的解释是："民众公平、有偿地共享一切社会资源。彼此以不同的方式付出和受益，共同享受经济红利。此种共享在发展中会更多地使用到移动互联网，并以此作为媒介。"这段解释比较准确地说明了共享经济的概念。

实际上，随着"共享经济"的概念离我们个体的生活越来越近，给我们带来了更加切实的影响，因而在谈及共享经济时就一定会涉及几个关键词：剩余、需求、匹配。也就是说，之所以能够共享，是因为有剩余和需求的存在，而其之所以发展成为一种经济模式，一定是因为二者可以批量地匹配，可以为社会资源的高效配置提供解决方案，否则就没有任何讨论的意义。你需要的往往是别人剩余的，这个诠释对共享经济来说是再合适不过了。

共享经济的本质是整合线下的闲散商品或服务，以较低的价格提供商品或服务。对供给方来说，通过在特定时间内让渡物品的使用权或提供服务，来获得一定的金钱回报；对需求方而言，不直接拥有物品的所有权，而是通过租、借等共享的方式使用物品。实现供给方和需求方供给方之间的信息互通，需要几个重要的要素，这就是新技术、"互联网＋"、资源使用权、唤醒与改造、行业分享，如图 2-1 所示。用一个简单的公式表示：新技术＋"互联网＋"＋资源使用权＋唤醒与改造＋行业分享＝共享经济。

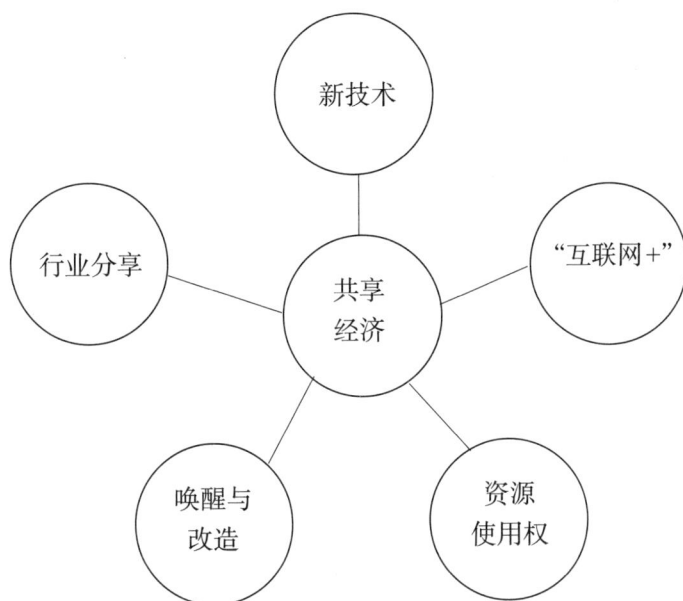

图 2-1　共享经济中实现供需双方信息互通的要素

新技术作为共享经济的第一要素，它在供需双方信息互通方面起着关键性作用。互联网技术能够让信息趋于对称，有效消除"信息孤岛"，让商品或服务的提供方能够知道他可以向谁提供这些商品或服务并索取报酬，消费方也能够在大量信息中快速筛选出最能满足他需求的一款商品或服务，双方最终通过电子支付或其他的有效方式完成交易。同时，由于整个过程都是在网上完成，信息通过互联网发布和收取，因此，整个流程是受到监管的（一是来自将供需双方连接起来的第三方平台的监督管理，二是消费者的评价体系和举报机制），并且能够将不合格的商品或服务从中挑出，尽可能地保证信息的真实性和消费者的使用体验。由于互联网新技术的支撑，共享经济正在从一个新鲜事物变成我们生活的一部分，一个新时代开启了。

"互联网＋"是在新形势下出现的新概念。通俗来说，"互联网＋"就是"互联网＋各个传统行业"，但这并不是简单两者相加，而是利用信息通信技术以及互联网平台，让互联网与传统行业进行深度融合，从而构建出新的发展生态。"互联网＋"是一个伟大的创新，如"互联网＋专车"的形式，它能够打破数量、牌照、价格等管制下的行政垄断。再如滴滴打车，它是把移动服务和传统服务（出租车服务）结合到一起的典范，是共享经济的信息平台，一边是司机，一边是乘客。滴滴打车这种模式对传统行业起到了一种颠覆性的作用。如果滴滴打车可以在这种模式的基础上推出滴滴教练，通过滴滴的模式找一个私人教练，改变学员到驾校报道、到教练场学车的路子，其效益就可能会更高一些。由此可见，在"互联网＋"的助推下，共享经济已经迅速成长为新的业态。

共享经济实质是商品或服务使用权和支配权的分离。商品或服务的消费共享模式，使商品或服务在使用消费过程中不再由单一个体享有，而被他人或机构通过直接或间接的方式享有使用权。例如，专车或拼车本是私家车，由个人或家庭享有所有权和使用权，但在加入拼车行列后，车就被其他人短暂享有，车进入消费共享模式，而人提供的服务也是共享的，既是公司员工，又是拼车司机。共享经济催生了一种双层的产权结构：财产的归属权即支配权在底层，财产的利用权即使用权在表层，人们在商品上私有，但在服务上变为公有。在这样的交易过程中所涉及的财产实质是信息和数据，而不是物品本身。

唤醒与改造也是构成共享经济这种商业形态的要素。共享经济能够重塑人与人之间的信任体系，改变人们的消费观念，唤醒人们的创业潜能。共享经济正是通过这种唤醒与改造，为人自身的解放提供了可能，让每个人都能够成为某种意义上的创业者。

在"分享"理念的支持下，行业之间形成了一种新的合作，以发挥资源优势、共同获得利益，这就是行业分享。例如，全球公寓民宿预订平台途家网在与移动互联网内容交易智能平台广阅通跨界合作后，途家在房子的故事、旅途中的故事、房东的故事、人的故事结合上与广阅通会有更多的合作，也会有更多的交叉。事实上，中国的企业已经进入一个"生态圈"的年代，不再像过去那样"把产销的环节解决了，就可以做很好的业绩"。如今，利益相关者是共生的关系，是一种竞合关系。在共享经济大行其道的时代，企业乃至行业不能按照旧的观念去做生意，而应该是互通有无，合作发展。随着共享经济的深入发展，未来，会有越来越多的行业以共享经济为契机创新发展，在市场当中掀起共享潮流，共享经济对传统商业行业变革的时代已经来临。

总之，共享经济是供需双方公平享有社会资源，各自以不同的方式付出和受益，共同获得经济红利，而只有上述诸要素的系统性联动并形成机制，供需双方才能进行交易。

第二节　新技术：智能终端成为信息输入的重要端口

移动互联网是移动通信和互联网融合的产物，人们通过使用无线智能终端（如手机、PDA、平板电脑、车载 GPS、智能手表等），可以实现在任何时间、任何地点、以任何方式获取并处理信息需求，这是其信息输入的重要端口。事实上，智能终端新技术所提供的信息，已经促使人们普遍形成了"信息共享"的习惯，并形成一种新的经济模式。智能终端便携易用，性能越来越强大，人们通过使用这些设备来处理生活和工作的意愿越来越明显。

智能终端信息的意义是重大的。一方面，分享信息是共享经济的基本特征之一；另一方面，共享经济其实就是一门关于信息的生意。如果再做进一步探讨的话，共享经济并非什么革命性的商业模式，只不过是以往在小范围或者只存在熟人之间的闲置资源共享行为，利用现代信息技术，发展成为一种覆盖全社会的新商业模式。

在狭义的"共享经济"产生之前，互联网已经帮助一大批用户习惯在虚拟空间内分享他们的虚拟产品——可能是一张照片、一条博文、一首音乐或者是 SNS 上的一个状态。用户在分享这些虚拟产品时，并不需要形成实物的交割，而仅仅是一个虚拟产品的传递。但正是由于 Web2.0 时代，带来的如用户原创内容（UGC）、维基（Wiki）等概念的火热，帮助互联网用户在共享经济的早期建立起"共享"的概念与习惯。

目前，"85 后""90 后"被称为"互联网的原住民"，他们在成长过程中，最早地接触互联网、使用互联网，因此，他们很早便建立起在虚拟世界中共享、分享信息的概念和习惯。早在 2006 年，美国《时代》周刊就将年度人物授予全球所有网民。《时代》周刊认为，"社会正从机构向个人过渡，个人正在成为新数字时代民主社会的公民"，因此，其将 2006 年的年度人物授予互联网上"内容的所有使用者和创造者"。可以说，不仅是"85 后"等"互联网的原住民"，随着互联网的普及，所有网民已经养成了在互联网上与全球人共同分享信息的习惯。

狭义的"共享经济"主要是指通过分享闲置商品或服务获得一定的报酬。随着"85 后""90 后"逐渐成为消费的主力军，他们与二十世纪七八十年代的人不同，他们在成长过程中几乎没有经历过物质的短缺和匮乏，他们对新鲜事物的接纳更加迅速。从此种意义来看，新兴人群更注重的是在其有需要的时刻被满足。以满足出行需求为例，过去强调的是拥有一辆轿车，甚至是一个专职的司机，而未来通过共享经济，大多数人很可能并不需要专属自己的轿车。当需要较长时间自驾时，人们可以通过 P2P 租车的方式租到一辆适合的车。比拥有一辆车更方便的是，人们可以根据自己当前的自驾需求租赁不同配置的车辆——可能是适合户外的 SUV 或者是适合城市的家用小轿车。在自行购车的场景下，这是难以实现的；当在需要临时或短途出行时，人们则可以通过 Uber、滴滴专车等方式来达到这个目的。互联网通过资源的整合与调配，让每个人在有出行需求的时候，能够暂时"拥有"一辆车或者一个专职司机。

值得研究的一个现象是，基于个人"信息共享"的新经济形态，其下一步正朝着企业和企业之间信息共享的方向发展，这是"分享经济"的升级，也是共享经济扩大规模的唯一方法。例如，房屋出租网架起了旅游人士和家有空房出租的房主之间合作的桥梁，用户可通过网络或手机应用程序发布、搜索度假房屋租赁信息并完成在线预订程序。在这方面最值得一提的是互联网三巨头 BAT(百度、阿里巴巴和腾讯）的共享与合作。百度不仅共享数据，而且共享很多技术，如将语音识别技术开放给大家随意调用等。实际上，这就是新技术下的更大范围的"共享"，是共享经济的 2.0 初级阶段，共享经济主体是人与人，也就是上面所说的基于个人"信息共享"的新经济形态，而升级版的共享经济其主体是企业和企业，是掌握了大量数据和优秀计算能力的 BAT，是触及 90% 以上网民的中国最大互联网公司，他们之间信息技术的共享和合作，等同于基础建设上开启了新的经济模式，必将带来人们在生活上的巨大改变，使人们在更大程度上享受到"共享"。

百度公司创始人、董事长兼首席执行官李彦宏认为，商业是继战争之后推动创新的第一驱动力，如果说"第一次世界大战"和"第二次世界大战"是拉动工业创新的两次源头，那么资本的繁荣和契约的完善就以一种和平的方式维持了创新。李彦宏说："战争是死亡的威胁，商业的竞争某种意义上也是死亡的威胁，只不过这个死亡是企业的死亡。如果你天天觉得你这个企业不会死，那你这个企业可能慢慢真的就死了，你天天觉得你这个公司会死，你这个公司反而会越做越大。"在 BAT 之间"相爱相杀"这么多年后，李彦宏摆出这种合作姿态，不仅在谈论共享经济时谈信息和技术的共享，在谈竞争的时候也主动提起合作："我考虑两个问题，我和 Pony（马化腾）要很好地合作，但是不能合并。虽然腾讯和百度企业文化类似，但是这么大体量的公司合并的话，风险非常大。我们首先得商量好我干什么，你干什么，把各自优势发挥出来。"

马化腾也说，现在 BAT 几家是竞合关系比较多，有竞争也有合作，"比如跟百度、万达的合作，跟阿里众安保险，我们也是华谊兄弟的股东，包括滴滴打车和快的的合并"。过去几年间 BAT 没少"短兵相接"，马化腾认为这是一个不可少的过程，"这是一个过程，你不打完怎么知道谁的本事好，在哪一方面谁的基础更好，谁更有资质接管别人的业务，这样的交流过程也是切磋，后面会看到越来越多的合作出现"。

合作的时候，实际意义上的"共享"已经出现了，BAT 这三家掌握了数据、算法和资金的公司，正在慢慢搭建一种新的经济形态。

开放是分享经济的基本理念，而信息开放是分享经济的生命。正是由于智能终端的迅速普及，使得海量的供给方与需求方得以迅速建立联系。智能终端将参与者连接起来，提供即时、便捷、高效的信息服务和信用保障。离开智能终端这个新技术，真正意义上的分享经济将不复存在。

第三节 "互联网+"：互联网与传统行业的"化学反应"

"互联网+"就是各行各业和互联网一起发生的一场"化学反应"，而传统行业的"互联网+"所发生的"反应"更具现实意义。传统行业的"互联网+"不是传统行业和互联网的简单结合，而是利用互联网对传统行业的再造后产生新的商业模式。如"互联网＋银行或基金＝互联网金融""互联网＋零售＝电子商务""互联网＋制造业＝工业4.0"等，这都是对传统行业模式的一种颠覆与创新。事实上，用"互联网＋"打造共享经济，已经成为传统行业中企业转型的新战略。

传统企业可以利用"互联网＋渠道"的形式为其带来更多的客户或者收入。如今，全新的"互联网＋渠道"运营呈现出以下几方面特点及趋势。

一是碎片化。互联网让渠道越来越碎片化、多元化，其表现为分支越来越多。例如，很多的"个人C"（C即Customer）也成了"小B"（B即Business），成为全新的渠道。在这个过程中，如何从更有创造力的新商业伙伴处获得营销机会便成为关键。以携程与"去哪儿"的整合为例，"去哪儿"近年来迅速崛起的重要原因，是把携程过去不在意的中小代理通过一个平台实现了"一站式"在线采购。如今，很多连锁加盟行业都在发展更小、更灵活的终端销售商，有的甚至是个人；商贸批发企业的下游小B中有的就是C（个人），它们之间实现了相互融合，而这些新兴的碎片化渠道将是未来的新常态。渠道越碎片化，越需要借助一个好的平台聚合、沉淀和运营，这样才能将商品信息、加盟信息、订单信息、销售管控、资金结算、物流配送等运营起来。

二是销售目标管理。营销战略中，数据是根本，公司领导最在意的是根据销售数据实时决策。例如，在"易订货"的管理端，公司领导可以随时随地查看到本月各维度的销售信息——销售地区排名、商品信息、客户信息和地区信息，并通过有效的销售数据来调整及实施对销售绩效的评定、监控和管理。

三是细分客户市场。如今没有一个大而全的渠道可以包打天下，渠道开始根据目标市场客户群进行细分。例如，在零售、生鲜行业，门店数量的不断增多导致产品需求的不断增多，产品的营销模式一旦变化，新渠道就会出现，因此"新产品、新渠道、新营销"的营销方式颇为常见。因此，传统企业应采用多渠道营销方式，把一个产品变为无数新的产品，确立伙伴承担不同渠道的功能，将细分市场移向互联网进行营销。

四是渠道实时反馈。此种运营特点即使用互联网化的业务流程获得终端市场信息。当企业拥有了互联网化的反馈通路，便可以使终端信息迅速、实时、透明地反馈到总部；而总部的政策信息、各种促销又可以通过软件工具集成在一起。

当然，"互联网＋渠道"运营的方式还有很多，关键是企业能够根据企业内外部的实际情况进行创新性应用。

除了"互联网＋渠道"运营，传统企业还可以利用"互联网＋服务"来打造共享经济，如可以增加服务人员、拓展服务范围等。这是因为，互联网带来的商业竞争环境越来越透明，消费者的决策主导权就越来越强，未来的商业社会一定是消费者主导的商业社会，这实际上就是我们常理解的C2B。向消费者提供个性化或一整套解决方案，而不是单纯销售某个产品，是这一模式的主要特征，因此，服务领域也一定会成为传统企业在互联网平台竞争的主战场。

来看看国美在线是怎样增加服务范围的。家电 3C 产品的痛点主要是物流配送、安装及售后服务。极速的物流体验一直是京东最大的优势之一，国美在线在物流配送方面也通过推出"计时达"和"一日三送"来紧盯京东。在售后及安装方面，国美在线将用户体验细分到了 23 个大环节、63 个细节，各项数据在 2014 年已基本达到行业一流水平，并在售后推出"30 天价格保护、30 天无理由退货、180 天只换不修"的政策。国美在线 2015 年"1+5"的战略中有一项就是打造"国美家"的项目，即以家庭为中心向用户提供"一站式"的服务体验，提供包括家电、智能设备、家居、家装等产品套装，实现家电和家居领域先试后买。

"互联网＋资源"可以提升品牌形象。不少传统企业推出共享资源以保护环境、支持旧物回收、支持旧物交换、支持民众之间的分享等服务，这是对自身品牌形象的极好提升。例如，瑞典家具巨头宜家在 2010 年推出一项针对宜家旧家具的服务，帮助用户处理旧家具，并支持用户之间旧家具的分享，以避免随意扔弃对环境造成的影响。尽管此项服务支出颇大，但与宜家"环境友好"的品牌理念贴切，充分显示了宜家的企业社会责任；而从另一方面来说，当用户在处理掉旧家具后可以腾出空间，其实也为宜家进一步提供了新的商机。

对已有庞大客户群和强大品牌的公司，如果它们觉得自己有足够的创新实力与风险对抗能力，也可以利用"互联网＋创新"直接创建新的业务，打造共享经济。

前文曾提到，共享经济实质是商品或服务使用权和支配权的分离。"互联网＋创新"下的新业务，可以创新利用闲置资源，从而提高供需效率，为用户创造更大的价值。例如，沃尔玛目前在使用联邦快递等物流公司进行电商平台的物流配送，但是成本颇高，受到 Task Rabbit 和 Instacart 等共享经济配送公司的启发，沃尔玛设计了一种新模式，那就是让在店内购物的消费者充当"配送员"的角色，充分利用这些"剩余"运力，在全美 50 家门店运营共享配送服务。

总之，通过"互联网＋"打造共享经济，传统企业可以实现转型并获得新的发展。这就是传统行业拥抱互联网所产生的"化学反应"。在这个共享经济来临的时代，你准备好了吗？

第四节　使用权胜过所有权，"占有"不再是重要价值指标

随着消费需求的升级，人们对社交和成就感的需求越来越多，也渐渐认识到他们所需要的并非拥有事物本身，而只是事物所带来的使用价值。"占有"不再是人们最看

重的一个价值指标，其重要性让位于环境质量、社会因素等幸福指数。因此，使用权胜过所有权，可持续性取代消费主义，合作压倒竞争，商品交易市场中部分"交换价值"正被协同共享中的"共享价值"取代。

共享经济的边界是使用权，除使用权外，其他权益很难被纳入共享的范畴。例如，易道专车、滴滴打车、Airbnb 等，都是共享的使用权，而所有权、收益权与处分权未被纳入共享范畴；股权众筹，是在明晰股份所有权的情况下，共享者提供的是股权融资，也就是出让金钱的使用权，但是其保留了所有权、收益权与处分权。例如，视频分享网站和 Facebook，共享的是视频，但是视频的所有权仍归属发布者所有，在 Facebook 上可以分享任何文字和视频，但是账号的所有权不在共享范畴，而本账号所产生的收益与处分权也归所有者；百度百科，它属于公益的范畴，每一个百科由创建者自愿提供，所有百度的用户可以免费搜索使用，其分享的就是该词条的使用权。

下面，我们以消费者 A 和消费者 B 为例，来分析这种商业模式的运作机制。

消费者 A 有某种产品的需求，但如果购买这种产品的话，产品所有权就转移到了自己的手里，可产品在 A 手里大部分时间内部处于闲置状态，虽然该产品在每个节点都满足了拥有者的需求，但并没有使它的使用价值达到最大化。这时，当消费者 B 也有这样的需求时，如果他也采取 A 的方式，那么他也会面临"同样的问题。A 和 B 合在一起，浪费的产品价值就更多了。在这种情况下，如果 A 把该产品借给 B，然后相应地 B 付给 A 使用费，那么该产品就为 A 创造了价值，也为 B 解决了问题。此时 A 出售的并不是产品的所有权，而是使用权。

细想一下，很多工具类的商品或服务人们所需要的其实就是使用，而并不需要拥有，这也是共享经济的本质。因此，共享经济下的商品其所有权并未发生转移，只是商品使用权转移到消费者手中。从供求角度而言，如果有 3000 个人需要同一个商品，如需要用锤子来加固他们手里的钉子，那就需要 3000 把锤子，但实际上这是一种资源浪费，因为每个人都只需要锤打几下就完了，如果能将消费者手中用完的锤子流通起来的话，实际上只需要几百把甚至更少就能够解决这 3000 个人共同的需求。在这个过程中，能让消费者手中商品的使用权流通起来的一个关键，就是让他知道有谁需要这个商品，同时需要让另一方知道有谁能给我想要的东西，并且这个人手里的东西是符合我要求的。当然，对这个过程中的双方而言，他们该如何完成交易，这就需要第三方平台发挥作用，让大家实现信息互通、共享。完成这种共享之后形成的交易及其产生的价值，就是共享经济。

共享经济是在不影响商品所有权的情况下，对某一种商品使用权的分享，分享的范围可以是物质的，如汽车、房屋、图书等，也可以是非物质的，如一段视频、一段感受等。

第五节 唤醒与改造：重塑信任体系、转变消费观念、唤醒创业潜能

现代社会的分工模式，让每个人局限于朝九晚五的框架中，这在某种意义上阻碍了一个人创新能力的发展，而共享经济的兴起，不仅为商品的使用提供了更加广阔的舞台与空间，而且为每个人的思想解放提供了可能，让每个人都能够成为某种意义上的创业者。具体来说体现在重塑信任体系、转变消费观念和唤醒创业潜能三个方面。

一是共享经济重塑了人们的信任体系。共享的本质是分享与合作，信任体系是其能良好运行的基本保障，虽然二代身份证信息验证、社交账号登录、好友关系提示、双方互评体系、个人展示、保险赔付、俱乐部制等诸多技术及制度创新有利于消除信任困境，但构建并塑信任体系仍然是共享经济进一步发展的重中之重。

共享经济通过互联网进一步拓宽了人们选择商品或服务的空间，使供需双方能够通过一个平等的渠道发布自己分享商品或者需求商品的信息，拓展了每个人的选择空间，进一步促进了信息的沟通，通过市场这只"看不见的手"的调节避免了可能的欺诈与不平等交易，进一步降低交易成本，从根本上提升了交易质量，实现了双方的帕累托改进。与此同时，正是共享经济让互不熟悉的陌生个体之间进行交换，使双方共享技能、时间、资本都成为可能，并可以在此基础上提升彼此的信任度，让诚信体系被彻底重构。共享经济串起的是社会隔阂的人际关系，连接的是不同社会群体之间的文化，信息的共享、商品的共享、时间的共享、技能的共享，让人与人之间的距离更近，让每个人都可以从中发现并实现其人生价值的可能，从而点亮其创业的明灯。

二是共享经济转变了人们的消费观念。共享经济的发展让每一个人都可以借助平台，出租或者借用自己的东西给不认识的人，从根本上扩大了这个社会早已淡漠的交际圈，教会每个人如何通过分享与合作来更好地与人交往。让"物尽其用、人尽其才"的节约经济消费理念深入人心，共享经济改变了传统产业模式下的大规模生产产能过剩、排浪式消费大量浪费的现状，形成了一种全新的社会供给模式和全新的消费理念。

共享经济下的消费观，从消费模式的"一次消费终身占有"转变为"消费与再利用的有机结合"，在实现个人闲置商品利用效率最大化的同时，也可以通过节约社会资源提高其生活水平，降低交通拥堵，缓解资源矛盾，实现循环经济的有机统一。

第三章 互联网时代背景下传统经济领域的"共享"

第一节 共享交通出行

一、"共享经济+交通"的发展历程及现状

随着共享经济在交通领域应用的不断深入，广大企业通过打造整合了私家车、司机等海量社会资源或整合交通资源的互联网平台，充分利用移动互联网、大数据、云计算等新一代信息技术，极大地提升了供应者与有出行需求的消费者之间的匹配效率，使交通出行更加智慧、更加高效。

在"互联网+传统行业"不断发展的背景下，一种通过现代信息技术变革传统交通出行行业的全新出行模式——"共享经济+交通"模式应运而生，并且在短时间内成为一种发展速度快、得到消费者普遍认可与资本市场青睐的热门领域。

（一）发展历程

从 2010 年发展到今天，"共享经济+交通"在中国经历了以下四个发展阶段。

1. 起步阶段（2010 年 09 月—2012 年 12 月）

这段时期，LBS 技术的巨大突破及 App 应用的开发，使以智能手机为代表的移动终端成为移动互联网出行平台连接消费者与司机之间的有效载体，先后涌现出了 10 多家体量较大的平台，整个行业呈现出蓬勃发展的态势。

2. 竞争阶段（2013 年 01 月—2015 年 02 月）

经过了各路玩家不断崛起的起步阶段，2013 年"共享经济+交通"也开始迎来了残酷的行业洗牌阶段，在资本的疯狂涌入背景下，各大平台的补贴大战正式打响。

2015 年 2 月 14 日，宣布合并的滴滴与快的给这一阶段画上了完美的句号。

3. 分化阶段（2015 年 03 月—2016 年 06 月）

一段持续将近两年的资本竞争结束后，滴滴快的在国内市场成为行业领头羊，其估值达 165 亿美元，注册用户量达到 2.5 亿人。同时，易到、神州、Uber 中国等也通

过发展差异化竞争找到了自己的生存之道。

4.细化阶段（2016年07月至今）

随着互联网技术的高速发展，以滴滴出行为代表的分享个人交通工具的服务模式得到了市场认可。2016年7月28日，酝酿已久的"网约车新政"发布，使我国的"网约车合法化"迈出了关键的一步，为推进我国"互联网＋出行"共享经济产业的发展奠定了重要基础。与此同时，为公交车、高铁、地铁、出租车等交通资源提供互联网化服务的企业也开始应运而生，比较有代表性的是盖网的GNET-BOX。

（二）发展现状

短短几年内，"共享经济＋交通"实现了市场领域的快速拓展及运营模式的不断创新。按照平台企业、司机与汽车之间的关系，"共享经济＋交通"服务类型主要包括B2C运营模式和P2P运营模式两种。前者是指私家车或者司机通过移动互联网与平台实现对接，由平台负责为他们进行匹配，但平台也会对他们进行安全审核，并对司机进行培训；后者则是指平台具有一定的司机及汽车，在接收到消费者发出的用车需求信息后，平台后台处理系统会安排汽车及司机为他们提供服务。

无论是产品服务类型，还是用户数量，滴滴快的都在国内的出行市场中占据了绝对优势。神州专车、友友租车（现已改名为友友用车）、车纷享等平台则在某一细分市场中获得了一定的领先优势。

专车服务领域，在统计机构发布的2015年度中国移动出行类App最新排名榜中，前四名是滴滴出行、Uber中国、神州专车、易到用车。其中，滴滴出行（包括快的打车）的市场份额超过了Uber中国、神州专车、易到用车三者市场份额的总和。

易观智库发布的数据显示，上述几家平台在国内的专车市场中，其活跃用户覆盖率、业务经营范围等多重指标都处于领先地位。从目前公布的数据来看，国内的出行分享领域"一超多强"的态势已经相对比较稳定。滴滴出行全面领先，Uber中国在入驻上海自贸区后加快扩张，神州专车继续拓展高端用车市场，易到用车则继续在商务用车领域探索。

"共享经济＋交通"产业已经演变成为一种改变人们出行方式、推动经济实现快速增长的下一个万亿级市场。当前国内该领域的汽车数量已达到上千万辆，约占我国汽车总量的6.5%，覆盖用户人数达到2.5亿人，占据我国人口总数的18.3%，覆盖了全国约360多个城市。业内统计机构发布的数据显示，2015年，我国的各大出行平台总交易额将近1000亿元。

（三）影响

共享经济的快速发展使出行领域的供给有效性得到明显提升，并且有助于缓解我国城市的交通压力，同时也是我国出行市场的有益补充。"共享经济＋交通"的影响有以下四个方面。

（1）改善交通出行，提升驾车技能及汽车资源拥有者的收入水平。借助移动互联网在供需平衡方面的强大能量，使传统出行方式中的信息不对等局面得到彻底改善，使汽车的空载率大幅度下降，让司机群体的收入得到明显提升。此外，在节假日、重大赛事等高峰出行期间，"分享经济＋交通"能够带来更多的运力资源。

（2）高效整合资源，提升资源配置有效性，促进绿色环保可持续发展。"共享经济＋交通"能够提升汽车的使用率，减少汽车保有量，节约大量资源，并且一些平台还引导用户使用以电动车为代表的新能源汽车，在局部地区带动了绿色出行、环保出行的新风尚。

（3）倒逼市场转型，提升服务质量。平台拥有的配单机制及双向评价机制，能够让交通出行市场，尤其是出租车市场完成转型升级，从而给人们带来更好的出行体验。

（4）刺激消费及就业，形成新的经济增长点。在出行供给与出行需求的有效匹配下，"共享经济＋交通"市场的规模及相关从业者人数获得大幅度提升，有利于推动共享经济整个行业的进一步发展、带动整体就业水平，从而发展出更多的经济增长点。

（四）问题与挑战

当然，作为一种新生事物，"共享经济＋交通"的发展之路充满了坎坷。自其诞生至今，与之相关的争论就从未停止。

（1）自身的服务水平有待改善。"共享经济＋交通"产业在获得快速发展的同时，也吸引了海量的司机加入其中，有些司机并未接受过专业的培训，其服务水平和服务质量还有待改善，部分司机通过刷单骗取补贴的事件时有发生。

（2）与现行的法律法规存在一定的冲突。自2015年至今，我国交通监管部门先后多次针对网约车行为进行规范。2015年10月，交通运输部公布《网络预约出租汽车经营服务管理暂行办法（征求意见稿）》表示，所有的组织及个人不能为那些没有取得合法运营资格的汽车及司机提供相关的信息来协助其开展运营服务。

（3）出租车行业的严格抵制。"共享经济＋交通"作为对传统出行服务企业的颠覆，打破了原有的出行市场行业格局，导致以出租车行业为代表的既得利益者联合起来对其进行抵制。近两年来，各地出租车司机罢工、扰乱平台正常办公秩序的事件时有发生。

（五）趋势展望

"共享经济＋交通"的业务规模及影响领域将逐渐扩大，参与人数及服务范围迅速增大，在巨大的市场前景下，该领域的创新创业活动将不断涌现，进而带动整个行业的管理服务水平及科技含量得到快速提高。

（1）市场规模扩大化。在有大量的资本、用户流量、创业者不断涌入下，未来，"共享经济＋交通"市场的发展规模将会得到跨越式发展。

（2）参与主体多元化。随着该领域细分市场的不断增加，不但会吸引更多的来自不同层级、不同区域的价值创造主体参与其中，而且会有越来越多的敢于尝试的企业跨界而来，争取在这一市场挖掘出更大的潜在价值。

（3）服务多元化。未来的"共享经济＋交通"市场产业链的深度及广度将会得到进一步提升，带动衍生出更多的诸如保险、洗车、停车等服务。

（4）汽车环保化。新能源汽车将会在未来的"共享经济＋交通"产业中大放异彩，一些平台已经试水电动汽车。毋庸置疑的是，未来，随着汽车制造技术的不断突破，将会有越来越多种类的新能源汽车加入这一行业。

二、"共享交通出行"模式的实践意义

根据相关报告显示，2015 年，中国的共享经济的规模达到了 1644 亿美元，占其GDP 的 1.59%；而英国的共享经济的规模在 2013 年已经占到了其 GDP 的 1.3%，预计到 2018 年，这一比例将上升到 15%；美国的共享经济的规模在 2014 年已经占到了其 CDP 的 3%。相对后两者而言，中国的共享经济还有巨大的成长空间，未来有可能成为拉动经济增长的新动力，当前，中国的共享经济正进入一个繁盛阶段。

2015 年，在党的十八届五中全会公报上明确提出"共享"理念，这也意味着共享经济的发展正式被纳入国家的战略规划中。

随着互联网技术的不断提高及社会信息化的深入发展，"共享"的理念已经逐渐渗透到交通出行、房屋租赁、数据共享等领域，并为各个行业带来了一场巨大的变革。对中国而言，共享经济在交通出行领域的探索实践意义更为深远。

（一）实践意义

大城市交通服务供需结构性失衡、限号限行、打车难、养车贵、追求出行智能便利等问题，为经济、快捷、便利的网约车和为交通资源连接互联网提供了发展的空间，作为共享经济在交通出行领域发展的一种典型体现，网约车不仅实现了对现有资源的再分配，提高了资源利用效率，还以一种更加便捷、实惠的方式满足了众多市民的出行需求。在公交车、出租车、高铁、地铁等交通资源中连接上科技产品，平台方为出行者提供免费的 Wi-Fi，视频片源分享者把视频片源分享至平台，出行者连接上 Wi-Fi即可上网看视频、看电影、听音乐等，为出行者带来了更高的乐趣和智能生活的享受，无论是网约车还是在出行中享受移动 Wi-Fi 等互联网化的服务，均受到了众多一二线城市用户的欢迎，并开始成为一种主流的生活方式。

1.有利于促进现有资源的优化利用

共享经济的核心就是释放闲置资源的价值，通过闲置资源的再分配，满足了部分人的需求，打造出一种互惠互利的交易模式。当人们已经习惯用手机连接 Wi-Fi 畅游

网络，而当他们乘坐交通工具却无法享受这一便利的智能方式时，就为习惯上网的人们带来了一定的困扰。交通状况的日益恶化已经成为当前众多国内一二线城市普遍面临的问题，许多城市为了缓解交通压力，陆续出台了汽车限购和限行政策，汽车的养护成本也在逐渐提高，这些因素导致了部分私家车开始出现闲置状态。

2.有利于减少浪费，降低对环境的破坏

共享经济打破了传统产业中大规模生产和大规模浪费的供给模式，建立了一种新的供给和交易模式。将社会上的闲置车辆整合起来实现最大化地利用，不仅可以产生巨大的经济效益和社会效益，节约了资源，同时也有利于推动人们整体生活质量的提高。

有研究显示，汽车分享者的汽车行驶里程减少44%，将有效缓解城市的交通拥堵状况。在欧洲，因为对汽车分享的推崇，二氧化碳的排放量降低了50%。在北京，私人汽车的空座率下降了10%，每年一氧化碳的排放量减少了3万吨左右，新鲜空气的消耗量减少了250多万吨。

3.有利于营造良好的创新创业环境

"互联网＋交通"已经成为国家行动计划中的一部分，"大众创业、万众创新"是推动共享经济发展的重要动力。共享经济在交通出行领域的发展，有利于在经济新常态下，拉动经济增长、带动社会就业。

（二）网约车理应成为城市交通体系的有益补充

以公共交通为主导、私人交通为补充是一种理想状态下的城市交通体系。然而现实的状况却是公共推广和交通发展不足、私人交通过度发展。

随着互联网的推广和应用，以网约车为代表的分享交通将成为城市交通体系中的重要组成部分，未来，将形成以公共交通为主导、分享交通和私人交通为补充的城市交通体系，不同出行方式间将呈现出融合的态势，并打造出多样化、多层次的出行服务方式。

网约车是对城市公共交通的一种有益补充，是除公共交通和出租车外的一种差异化产品，是对出行服务的升级。与其他出行方式相比，网约车的核心就在于差异化的特性，其可以满足客户差异化的需求，为用户提供高品质、多元化的出行服务。网约车释放了存量资源的能量，提高了车辆的使用效率，有利于提高城市交通的使用效率，在提高人们的生活水平的同时，也有利于促进资源节约型、环境友好型社会的构建。

（三）网约车应该坚持高品质与差异化发展趋势

有调查显示，目前大部分的专车订单主要集中在一二线城市，而且以年轻乘客为主，其中，约有90%的用户年收入达到10万元以上，这些专车乘客主要分布在白领和金领群体中。专车或快车主要应用在接送领导或贵宾、加班晚归、公务出行、火车站往返、机场往返等场景中，其可以满足这部分群体对车辆的速度以及舒适度的需求。

根据专车市场的特点，专车用户可以分为服务品质驱动型、紧急用车驱动型、便利用车驱动型和优惠活动驱动型四种类型。

以易到用车为例，易到用车将市场定位在中高端商务出行领域，将客户群体锁定在服务品质驱动型和便利用车驱动型，这部分客户有一个共同的特征就是与价格相比，更关心服务品质，用车的频率较高，客户年龄主要分布在 30~50 岁之间，其月收入在 1 万元以上。

根据交通运输部出台的关于网约车的管理办法，各个地区应该优先发展城市公共交通，适度发展出租车，并在追求高品质服务以及差异化经营的基础上，促进网络预约出租汽车的有序发展。高品质服务和差异化经营对专车行业而言具有重要的指导意义，这些服务能够推动该市场逐渐回归理性，并朝着高品质、高价格和个性化、人性化的方向发展，其服务品质以及品牌影响力将逐渐发挥出更大的力量。

三、"共享经济 + 智能出行"开启智能出行新篇章

在移动互联网技术与移动支付等新一代信息技术的支撑下，为交通资源赋上智能服务具备了全面推广的现实条件。个性化和人性化的服务，让出行更加便利化、智能化，无疑是交通分享产业得以快速发展的重要基础。智能出行改变了人们的生活及工作方式，并最终影响了整个世界的交通生态。

我国的交通出行问题已经成为全民关注的焦点，交通拥堵、乘坐地铁和高铁时无网络信号等问题均为出行者带来了不便，亟须通过对传统交通出行方式的智能升级来打破目前的出行困境。此外，我国的公交车、汽车、高铁、地铁等交通资源相当丰富。因此，为人们的交通出行提供智能服务的产业在中国市场有着广阔的发展前景。

（一）为出行提供智能化服务，创新企业频频出击

交通出行市场所释放出的巨大发展潜力，使其受到了社会各界的广泛关注。科技公司的异军突起，使得众多传统行业的经营模式发生了颠覆性变革。盖网（Gnet-Box）已经在众多城市中进行安装铺设，包括珠海市的近百部公交车、福州—北京的冠名为"盖网号"列车等均可以连接 Gnet-Box 提供的移动 Wi-Fi。"互联网 +"掀起的巨大风暴，使得传统商业思维及经营模式已经无法应对日益多变的市场环境。在不可逆转的经济全球化趋势下，国际与国内的众多科技公司均已参与到为交通资源提供智能服务的领域中。

目前，智能出行的交通分享市场主要存在着以下三种运营模式。

（1）以传统出租车为代表的租车模式，近几年崛起的 P2P 租车模式也在此行列中。通常以天为单位收取租赁费用，需要去线下的门店或汽车拥有者指定的地点去提车或

者还车。

（2）以 Uber、滴滴为代表的专车模式，顺风车、快车等也属于这一模式。专车模式不需要出行者签订十分复杂的租车合同，一般会由专业的司机为用户提供出行服务，交易简单、服务质量可以得到充分保障。但许多国家政府部门禁止私家车载客。

（3）以盖网的 Gnet-Box 为代表的为社区、商圈、交通出行提供网络服务的模式。网络服务的模式有多种形式，盖网的 Gnet-Box 为出行者提供 Wi-Fi 服务，连接上 Wi-Fi 后即可免费观看由视频片源分享者分享至 Gnet-Box 平台中的各种视频、电影、音乐等；BUS、公交来了等平台则主要以提供车辆到站信息、站点信息查询等功能为服务模式。

（二）政府态度将起决定性作用

要在国内交通出行分享市场分一块蛋糕，离不开政府给予的大力支持。在 2015 年 9 月举行的国务院常务会议中，政府强调"完善新能源汽车扶持政策，创新分时租赁、车辆共享、智慧出行等运营模式"的一系列政策，得到了社会各界的一致认可。利好政策的出台，无疑将会有效推进交通出行共享产业的进一步发展。

新商业模式的出现，必将对旧有的行业格局形成巨大的冲击，一些既得利益者很可能会遭受重创。虽然人们对全面普及、方便快捷、高效低成本的汽车分享模式的呼声很高，但是从交通部门发布的专车管理规定来看，对私家车参与的"专车""顺风车""快车"等新兴业态并不友好。

对交通出行分享产业而言，相关法律法规及行业监管制度的缺失，也是影响其发展的痛点。此外，在广大车企推出的分时租车模式中，运营的车辆几乎全部为新能源汽车，针对汽车出现损坏、事故、丢失等一系列问题的风险控制，也是汽车共享者要思考的重要问题。

如果汽车分享市场发展成熟，那么传统模式所构建起来的整个交通出行产业生态将被彻底颠覆。传统的出租车行业、停车场、汽车金融、维修保养等产业都需要进行调整，相关从业人员的安置、企业的转型等将是一个重大的社会性问题，对我国目前的发展现状来说，要真正实现汽车共享，恐怕还有很长的一段路要走。

闲置资源的高度整合及高效利用，使得共享经济成为一个释放巨大社会价值的切入点，它能有效促进传统产业完成转型升级，对人们的生活方式及消费习惯影响很大，即在最大程度上利用现有资源，实现绿色环保可持续发展。从这种维度上来说，汽车共享将成为未来交通出行产业的核心基础，行业企业现在要做的就是加快行业布局，塑造核心竞争优势，为抓住随时可能会出现的发展机遇做好充分的准备。

第二节 共享房屋住宿

一、在线短租

（一）我国在线短租模式发展现状

共享经济应用到房屋住宿领域后，许多闲置的社会分散房源可以通过移动互联网平台与有租房需求的消费者实现无缝对接。在美国市场这一模式率先得到大规模的发展，诞生了诸如 Airbnb，HomeAway 等实力强大的共享经济巨头。第二次世界大战后，欧洲开始出现的家庭旅馆可以看作为"分享经济 + 房屋住宿"模式的前身，它是一种居民将自己空闲的房屋作为旅馆对外出租的运营模式。

如今，无处不在的互联网，让有空闲房间的人与有租房需求的消费者可以进行实时沟通交流，在房屋拥有者获得一定收益的同时，人们个性化及多元化的住房需求也得到了最大限度的满足。从我国在线房屋短租市场的发展现状来看，这一市场仍处于初级发展阶段，无论是产业本身的完善程度，还是其面临的外界环境，都暴露出了一些问题。但从长期发展来看，在多种利好因素的共同作用下，中国未来的在线房屋短租市场将迎来黄金发展期。

在线房屋短租作为一种典型的房屋分享模式，其在我国发展势头十分迅速。在线房屋短租模式中，房主通过互联网平台将与房间相关的各种信息发布在平台上，向那些外出工作或者旅游的人们出让房屋使用权。有租房需求的人们在平台中搜索到符合自己需求的房屋后，可与房主直接进行沟通，并在线完成租房交易。

2011 年，国内多家在线短租平台开始正式运营，如今发展较快的蚂蚁短租及途家网都是在这一年成立的。2012 年 8 月，小猪短租平台正式上线。2013 年有 10 多家在线短租平台宣布退出，整个在线房屋短租市场陷入了一段短暂的寒冬期。

2014 年 6 月，途家网 C 轮融资正式完成，1 亿美元现金全部到账；2015 年 7 月，小猪短租完成了总规模为 6000 万美元的 C 轮融资。截至目前，国内整个在线短租市场发展势头十分强劲。

艾瑞咨询发布的数据显示：2012 年，国内的在线短租市场交易额为 1.4 亿元；2014 年，在线短租交易额达到了 40 亿元；2015 年，整个在线短租市场交易额超过 100 亿元。目前，我国的在线短租模式主要包括以下几种。

（1）C2C 开放平台模式。C2C 平台模式最为典型的代表就是小猪短租，其主营业务包括短租公寓、短租房与普通民宅。小猪短租通过打造一个实现房主与租客实时沟通及交易的 C2C 平台，有效配置闲置的房屋资源，使供需更趋平衡。截至 2015 年底，小猪短租已经在国内的 213 座城市中开展了在线短租业务，总房源在 7 万套左右。

小猪短租要构建一种实现人与人之间连接的服务模式，不断整合及优化线下的短租业务，引导更多的房主将自己的空置房源在平台中进行分享，让那些外出旅游、访友、工作的人能享受到更具家庭氛围的房屋租赁服务，为广大用户提供一种"有人情味的住宿"。

（2）B2C 开放平台模式。在 B2C 模式中，平台对房源拥有较高的控制权，由平台安排专业的人员对房间进行统一的装修及管理，房主与平台按照一定的比例分成。这一模式最为典型的代表就是途家网，B2C 模式的房源主要来自地产开发商，其在服务及管理方面与传统的酒店相似，平台会与房产开发商进行合作从而确保房源的稳定性，并且由专业的公司对这些房间进行统一的管理及维护。

此外，B2C 在线短租平台还会向房客提供房屋清洁、清洗衣物、机场接送等增值服务。所以，相对其他模式而言，B2C 模式在线短租平台的客单价相对较高；从另外角度来说，这个模式属于重资产运营模式，平台需要与一些商家进行合作或者直接购置大量房产。

（3）"产权共享 + 换住共享"的二维共享模式。国内"产权共享 + 换住共享"模式最为典型的代表就是"Weshare 我享度假"，该平台打造出了国内首个分权度假屋共享换住平台——"Weshare 分权度假平台"。

在该平台中，每套度假房屋被分为 12 份共有产权，每份产权每年拥有 28 天的居住时间。消费者可以根据自己的居住时间长短，购买一份或者多份产权，这不但使人们的度假成本大幅度降低，而且实现了分权度假屋的预定居住、交换居住及出租出售，而且度假者还能享受到优质的定制化度假服务。

"产权共享 + 换住共享"模式的关键在于分权共享，以 Weshare 分权度假平台为例，消费者得到的是度假房屋的共有产权与其购买份额相匹配的居住时间。此外，消费者拥有的物业所有权还能出售、继承和转让等。如果居住时间还有剩余，这些闲置的居住时间就可以委托平台进行出租。

（二）在线短租模式面临四大痛点

从当前的发展现状来看，我国的在线短租市场并未实现跨越式发展，其仍属于一种用户规模较小的小众市场，国内的几个发展较快的在线房屋短租平台，如途家网、小猪短租和蚂蚁短租等，都远不具备像 Airbnb，HomeAway 的品牌影响力。对整个行业的发展而言，还存在着一些需要尽快解决的痛点。

（1）整个在线房屋短租行业目前仍处于监管的灰色地带。这种模式与长期的房屋租赁及酒店宾馆的租赁方式存在明显的差异，并没有现行的法律可以对其进行有效监管，平台的运营资质是否合乎法律还不明确，未来，许多平台可能会因为一纸文件的出台而被迫关闭或者转型。

此外，法律法规的空白导致了消费者及房主的权益无法得到充分保证。如果发生个别的违法事件，在众多社交媒体平台的快速传播下，会使平台深陷舆论漩涡。

（2）没有形成完善的安全保障体制。许多平台都选择通过绑定手机号、身份证、银行卡等方式对用户进行实名认证，小猪短租平台还为房主及消费者购买保险，许多平台建立的用户评价体系也不失为保障用户安全的一种有效措施。

虽然上述几种方式能在一定程度上保障房主及房客的安全，但由于整个行业仍缺乏有效的监管，房屋的治安、消防和卫生等方面没有形成统一的标准，从而使房主、房客的财产及人身安全面临较大的风险。

（3）平台自身也存在着一些问题。由于整个行业仍处在探索阶段，各大平台在抢占市场份额方面投入了大量精力，却没有真正考虑用户的实际需求，影响了房主及房客的体验。一些平台在房源审核及房东线下的服务质量监管方面过于松懈，导致虚假房源及住宿问题时有发生，使整个行业的发展受到较大的负面影响。

此外，刚处于起步阶段的平台盈利模式较为单一，主要是靠收取交易佣金来获取收益，亟须平台对其盈利模式进行创新发展。

（4）用户人数有待提高。相对西方国家而言，我国民众的思想相对保守，许多人共享房屋的积极性较低，对这种出租家中闲置房间的方式认可度不高，再加上信用体系缺失等问题，使我国在线房屋短租市场的发展受到了严重限制。

（三）在线短租市场的三大发展趋势

从国内在线房屋短租市场的发展趋势来看，虽然整个行业仍存在着较多的问题，但在整个共享经济产业快速崛起与80后、90后成为主流消费群体的时代背景下，整个在线房屋短租市场的发展前景十分光明。与此同时，平台之间的竞争也会更加激烈。

具体来说，未来，在线房屋短租市场的发展趋势主要包括以下三个方面。

（1）国家利好政策支持。2015年7月，在北京举行的国务院常务会议中明确指出，未来，将放宽以在线度假租赁为代表的新兴业态市场准入和经营许可。2015年11月，国务院出台《关于加快发展生活性服务业促进消费结构升级的指导意见》表示，积极发展客栈民宿、短租公寓、长租公寓等细分业态。

越来越多的利好政策不断出台，将提升人们参与在线房屋短租市场的积极性，从而吸引更多的社会资源进入该领域，为众多的创业平台提供更多的发展机遇。

（2）个性化旅游度假需求将迎来爆发式增长期。经济发展水平及人们生活质量的不断提升，使得人们外出旅游的意愿更为强烈，旅游业的快速发展也将带动房屋住宿需求的进一步增长，从而引发在线房屋短租市场的跨越式发展。

近年来，家人、朋友、同事组成团体进行"自驾游"已经成为国内许多地区的新风尚。与传统的随团旅游方式相比，人们的住宿需求更为个性化及多元化，不再青睐于标准化的酒店、宾馆提供的住宿服务，而是更想体验当地的风土人情。

以易观智库为代表的多家市场研究机构发布的《2015中国自由行市场研究报告》表明，截至2015年底，我国在线旅游市场交易额达到了4237亿元；80后、90后已经成为旅游市场的主流消费群体，他们对新生事物的接受程度更高，对互联网尤其是对移动互联网的依赖性也更高。未来，随着互联网技术的发展，智能穿戴设备等移动终端的不断普及，在线房屋短租产业的市场规模将会进一步扩大。

（3）管理制度将日趋完善。从我国监管部门的态度及国外在线房屋短租市场的发展经验来看，越来越多的行业标准及管理制度将会陆续出台。

二、联合办公

（一）"双创"浪潮下的新产业风口

在共享经济的带动下，分享办公空间及服务的联合办公模式在最近几年也变得十分火热。在联合办公模式中，优雅的办公环境、完善的办公设备，不但有效提升了员工的工作效率，而且还能通过与不同行业的人交流沟通来拓展企业的关系网，为企业寻找合作伙伴打下坚实的基础。

联合办公也被称为"云办公"，作为一种满足现代企业发展的全新办公模式，它使企业有效降低了办公成本，从而让企业可以将资金投入新产品开发及市场拓展等方面。一般情况下，联合办公场所主要位于装修优良、办公设备齐全、交通便利的商务中心或者服务式办公室。

联合办公模式尤其适合创业公司及自由工作者，入驻联合办公空间中的个体及组织，无须像租赁传统写字楼一般在房租、水电、人力资源方面投入大量的成本，只需要携带少量的个人用品，即可全身心地投入工作中，并且还将享受到运营方提供的优质办公服务。

联合办公模式可以让不同行业和不同背景的人们通过交流协作，提升企业的活力及创造力。一些工作比较枯燥的员工还能适当放松自己的心情，在一种轻松愉快的工作氛围中为企业创造更大的价值。

联合办公模式不受办公地点的限制，无论入驻的企业人员是固定的还是流动的，只要所在的区域存在服务点，就可像在自己的公司一样办公，非常方便。

联合办公模式最早出现在美国的旧金山，最近几年在创新氛围浓厚的欧美国家和地区的城市中掀起一股热潮。与传统写字楼办公模式所不同的是，联合办公模式更加强调分享、开放及个性化，不仅配备了完善的办公设备，还提供健身房、咖啡厅等休闲场所。

WeWork 目前是全球最大的众创社区。2016 年 3 月，WeWork 宣布新一轮总价值 4.3 亿美元的融资已经完成，该轮融资完成后，其估值已经达到 160 亿美元。

近几年，随着联合办公模式的快速崛起，使得这种新型的办公模式受到了国内社会各界的广泛关注。在我国掀起的"大众创业、万众创新"浪潮下，许多人放弃了已经拥有的高薪职位，想要在这个机遇与挑战并存的移动互联网时代实现自己的创业梦想。

2015 年 1 月，李克强总理在主持召开的国务院常务会议中明确表示：支持发展"众创空间"的政策措施，为创业、创新搭建新平台。顺应网络时代推动"大众创业、万众创新"的形势，构建面向人人的"众创空间"等创业服务平台。

在创业浪潮涌现的时代，潘石屹及时推出 SOHO 3Q，职业经理人毛大庆创建优客工场，盖网开始布局创建电商创业孵化基地。不仅有地产界的明星大佬，而且许多积极转型的房地产开发商、企业也加入联合办公领域这一新兴市场，如万科集团、远洋地产和花样年控股集团等。

目前，在北京及上海共有 6 家 SOHO 3Q 正式运营。预计到 2017 年底，SOHO 3Q 拥有的工位数量将达到 4.5 万个。2015 年 10 月，SOHO 3Q 在重庆市与腾讯众创空间达成战略合作。双方的首批合作项目将在创业氛围浓厚的北京、上海、深圳与杭州地区落地，未来将会逐步向其他地区扩散。

从目前的发展形势来看，中国的联合办公模式主要是将写字楼、产业园改造为相对独立的办公空间，对外出租给有办公需求的创业者及企业，入驻其中的客户将共享运营方提供的办公空间与配套服务。

国内的联合办公模式主要呈现出两种发展趋势。

（1）类似创业孵化器、产业孵化器的众创空间模式，最为典型的代表就是毛大庆的优客工场、盖网的电商创业孵化基地。

（2）以灵活办公为主要特点的服务式短租模式，最为典型的代表就是潘石屹的 SOHO 3Q。

我国联合办公模式的客户，主要是创新创业型公司及短期租赁的自由工作者。

从客户所属行业来看，入驻比例较高的主要是互联网金融、自由撰稿、咨询服务、服装设计和创意设计等。联合办公主要的运作模式为向客户提供办公空间、办公设备、人事、财务和会计等服务，其利润来源主要是租金差价、政府补贴和增值服务等。

联合办公模式在国内市场的快速崛起，主要是有以下三个方面的因素。

（1）从宏观维度上看，我国正处于全民创业阶段，相关的扶持政策及市场环境对联合办公产业发展十分有利。

（2）从社会分工维度上来看，第三产业的发展前景十分广阔，互联网产业、现代服务业等新兴业态具备优异的成长环境。

（3）创意设计产业、互联网经济不断崛起，创业者需要有成本较低、创业氛围浓厚、环境及质量有充分保障的办公空间。

WeWork 集团打造出的联合办公模式最大的特点在于它更加注重强调社交价值，入驻其中的客户彼此之间可以进行自由交流协作。对创业者而言，联合办公模式提供了具备良好孵化环境的优质办公服务，充分满足了其个性化及差异化的办公需求。

我国绝大多数联合办公运营方选择将联合办公产品在经济势头迅猛、创业氛围浓厚的一线城市落地。从联合发展模式发展形势来看，未来，这种更加灵活、更加注重社交的联合办公模式很可能将会打破写字楼市场行业格局，通过差异化运营切入商办物业市场的联合办公模式将释放出巨大的价值。

（二）联合办公颠覆传统写字楼概念

与国外相比，我国的联合办公模式并无太大的差异，入驻其中的客户往往来自不同的企业，甚至很多人是不依靠任何组织的自由工作者，他们不仅能享受良好的办公环境及办公服务，还能通过彼此之间的交流沟通获得新的创意及灵感。此外，联合办公平台的客户不必受到租房时间的限制，他们可以根据自己的需求随时选择入驻或者离开。

随着国内自由工作者、初创型的科技公司和咨询服务公司数量的快速增长，联合办公市场爆发出了巨大潜力。这类个体或组织工作十分灵活、自由，长期租赁写字楼的传统办公模式无法满足他们个性化的办公需求。在联合办公模式快速发展的同时，传统写字楼市场正遭受着一场前所未有的巨大冲击，这种冲击在创业氛围浓厚的一二线城市之间的碰撞尤为猛烈。

最简单的联合办公模式利润来源主要是租金收入。而联合办公空间与新型孵化器相结合的众创空间，其利润来源十分多元化，如租金、增值服务、投资回报等。而对投资型孵化器来说，运营方通常收取极少或者根本不收取租金，其在运营过程中，会选择入股那些发展前景较好的创业项目，从而获得高额的投资收益。

从联合办公模式在我国当前的发展情况来看，整个行业仍属于探索阶段，但是随着创业公司及自由工作者数量的不断增长，联合办公市场将会日趋成熟，规模也将进一步扩大。

客户在共享办公空间及服务的同时，还有可能通过与周围人的交流寻找到自己的客户、供应商、经销商等。更为关键的是，在与这种不同文化、不同背景人的交流过程中，创业公司可以得到不同视角下的信息反馈，从而驱动创业者不断对自己的产品进行创新，生产出更加符合市场需求的产品及服务。

事实上，互联网与高科技公司人数通常较少，例如，Facebook 花费 150 亿美元收购 WhatsApp 的员工人数仅有 50 人，花费 10 亿美元收购 Instagram 的员工人数仅有 13

人。"互联网+"掀起的热潮使越来越多的创业者投身互联网领域，有效推动了各类联合办公空间及新型孵化器的快速发展。此外，联合办公模式的发展也日趋多元化，许多运营方在为客户提供办公空间的同时，也为他们提供人力资源、投融资等增值服务。

联合办公空间的业务相对简单，与传统写字楼模式的差异主要体现在开放性方面，这种新型的办公模式更加注重客户之间的交流合作，更加强调社交属性，其利润来源除租金外，还包括餐饮、娱乐设施等简单的增值服务。

在一线城市中，较为火热的众创空间也是一种典型的联合办公模式，其利润来源除收取租金费用外，还通过对创业项目进行投资获取投资收益，或者通过引入第三方投资机构为创业者提供投融资服务获来取一定比例的服务费。众创空间客户主要是互联网领域的创业公司。

新型孵化器也是一种联合办公模式，它可以分为两种类型。一种是企业平台型，另一种是投资驱动型。两者的利润来源都不依靠租金收益，前者主要是通过创业团队使用新技术的服务费来获取收益，后者则是通过入股创业团队获取投资回报。

（三）政策鼓励：创业者的理想家园

联合办公模式在国内的快速崛起，得益于互联网时代办公模式发生的颠覆性变革，传统写字楼模式已经逐渐无法满足人们日益多元化及差异化的办公需求，联合办公模式仅用几年的时间就在国内的一线城市得到迅速推广，几年之前鲜有耳闻的联合办公产业如今已经成为一种新兴业态。

互联网产业的快速扩张，再加上我国掀起的创业浪潮，使得越来越多的人开始组建创业团队，在软件开发、移动互联网和智能产品研发等领域进行了一系列的创新发展。创业群体的不断增加，为联合办公模式的崛起提供了现实基础。在创业者的推动下，我国的经济、社会等领域正在发生着深刻的变化，在创业氛围十分浓厚的一线城市，这种变化尤为强烈，这些地区相应的联合办公产业发展更为迅速。

目前，我国的初创企业数量正在快速增加，积极投身创业实践活动的人数更是在迅猛增长。我国政府也在不断出台利好政策，支持并引导创业公司的进一步发展，积极打造良好的创业环境与创业氛围，为实现中国经济的崛起打下坚实的基础。

未来，我国的联合办公模式的发展将会对传统的商务办公模式带来巨大的冲击，联合办公模式也将从一二线城市向三四线城市不断渗透。人们对办公位置固定、租赁成本较高和租期较长的写字楼的需求数量将会大幅度减少，而实现办公空间分享的众创空间、新型孵化器、联合办公空间等联合办公模式将会成为主流。

第三节　共享金融服务

一、共享金融表现形式：众筹

作为互联网金融典型代表的"共享经济＋金融"在短短几年之内实现了快速增长。共享金融中比较有代表性的是众筹模式。

（一）发展现状

众筹的平台及用户的数量增长十分迅速。

（1）平台数量。2012 年，众筹平台数量仅有 9 家，到了 2015 年，这一数字增长至 303 家，发起的众筹项目有上万种。从其组成来看，股权众筹平台数量有 130 家，混合众筹平台数量为 79 家，奖励众筹平台则为 66 家，公益众筹平台数量相对较少，仅有 8 家。

（2）用户数量。2015 年，我国的众筹行业投资活动参与人数将近 7231.5 万人次。平均投资人次从低到高依次为股权众筹、奖励众筹、公益众筹。对中高端投资者来说，往往会更加青睐股权众筹和公益众筹项目。

（二）众筹模式的优势

在共享经济时代，众筹模式的发展得以让更多优质的项目开始出现在市场中，过去对一个优质的项目大多数是由投资机构进行投资的，普通群体均无法参与或没有这样的机会，而今随着众筹模式的兴起，让更多有闲置资金或热爱投资的个人均可以参与优质项目的投资过程。通常来说，众筹主要包括购买模式及投资模式两种类型，并具有以下特点。

（1）人人参与。无须动辄几十万元、上百万元的资产，普通人即可参与投资。而且对众筹项目发起人的身份、社会地位、财富数量等没有特定的需求，只要能提供优质的项目，就可发起众筹。

（2）项目开放。众筹项目类型没有明确的限制，只要符合法律规定，影视、音乐、出版、农业、养殖、科技、互联网平台、网店等都可以作为众筹项目。

（3）参与度较高。许多众筹项目在资金的支持下都得到了一定的发展，其中，不少参与者借助众筹模式获得了巨大的收益。

二、从宏观层面看共享金融模式的发展

共享经济理念诞生初期的目的，是解决国家在快速发展过程中出现的收入分配不均的问题，通过对分配结构的优化和完善来缓解各阶层之间的利益冲突。而互联网信息技术的发展为经济和社会组织结构带来了深刻的影响，同时，也为大数据信息的采集、处理以及交换提供了极大的便利，并逐渐撼动了众多传统行业赖以生存的生产和商业模式，倒逼其走上了适应时代发展的道路。

共享经济的出现和发展，实现了剩余资源的再利用，提高了现有资源的使用效率，充分释放了现有资源最大化的价值。同时，共享经济的发展对资源价格的上涨具有一定的抑制作用，提升了消费者的主权，即其只要支付较低的成本购买产品的使用权，就可以享受到经济发展的成果。滴滴、Uber、Airbnb 等都是共享经济的典型代表，它们在市场上的风靡吹响了共享经济时代到来的号角。

金融模式的创新与实体经济的发展休戚相关，随着共享经济的蓬勃发展，金融产业也逐渐踏上了新的探索征程，并逐渐形成了"共享金融"的概念。所谓的共享金融，就是以基于大数据的高科技为手段，以金融产品和服务的创新为依托，围绕资源、要素以及利益的分享构建新的金融模式，从而实现金融资源的优化配置，在促进现代金融产业均衡发展以及保证消费者主权的同时，为共享经济的发展提供重要的支持。

共享金融发展的根源在于，从宏观和微观两个层面有效解决金融产业在发展过程中出现的问题。从宏观层面上来看，以下六个因素的存在促进了共享金融的出现和成长。

（1）当前，我国经济的发展进入了一个新常态，在此过程中出现的产能过剩与供给不足等问题是我国经济发展急需解决的问题。而在金融领域，金融资源的供求也开始呈现出结构性失衡，在金融行业不断扩张的前提下，有的领域金融供给过剩，而有的领域金融需求却无法得到满足。共享金融的发展在实现金融资源的高效匹配上发挥了重要的作用。

（2）伴随着人民币国际化的发展，国内的金融资源在解决国内供需问题的同时需要应对来自外部的挑战。但与此同时，这也为金融产业实现跨境发展提供了一个有利的契机，运用共享金融这一新模式，为跨境资金融通以及财富管理等的发展开辟了一条新道路。

（3）尽管主流金融体系在近几年来得到了快速发展，但是在快速发展过程中暴露出来的问题也越来越多，许多人开始对主流金融体系的资源配置能力产生了质疑。随着主流金融机构的"脱媒"行动，体制外的金融模式拥有了更大的成长空间，而共享金融是这种新金融发展的核心。

（4）长期以来，金融模式创新在解决收入不平等的问题上基本没有可圈可点的地方，有时候甚至影响了中低阶层群体的利益。因此，如何让企业和居民中的"弱势群体"获得公平、公正的金融服务，享受应有的金融权利，就成为金融产业面临的重要挑战，这也为共享金融的发展提供了一个重要的时机。

（5）金融市场的不断演进以及城镇化发展带来的人口聚集，使得壁垒坚固的金融垄断被打破，传统模式的金融格局被颠覆，金融交易的价格形成机制走向了重构，增强了共享金融服务实施的可行性。

（6）新经济时代涌现出了一大批的创客群体，并产生了众多"小而美"的产业与企业形态，传统的产业和企业扩张模式已经不再是主流模式。产业和企业形态的变革使得劳动力的就业结构在时间和空间上发生了根本性的变化，这使得兼具智能化、分散化、及时性功能的共享金融服务有了存在的必要。

三、从微观层面看共享金融模式的发展

从微观层面看，共享金融发展的基础体现在以下六个方面。

（1）复杂多变的金融模式创新尽管在提高金融效率上发挥了重要的作用，但是也将金融交易推向了更加复杂的局面，金融产业离普通群体越来越远，逐渐演变成少数人的游戏，同时，也将金融产业带入一个难以脱离实体的困局中。而共享经济的发展重点就是引导金融活动走近普通大众，通过公开、透明的金融交易机制，让公众可以真正地从金融产业中获益。

（2）共享金融致力于将金融消费者从被动者的角色转变为主导者，鼓励消费者积极参与金融交易的决策，从而推动金融产品服务的标准化和定制化，提升公众参与金融服务的体验，让公众成为现代金融发展成果的主动分享者。

（3）通过与高科技手段的深度融合，共享金融将会为消费者提供更加便利和智能化的金融产品及服务，将金融与产业链以及生活链更紧密地联系起来，成为人人触手可及的服务。实现分享的金融资源价值，除资金外，还有更丰富的要素，致力于打造低门槛、更自由和更安全的金融服务。

（4）共享经济的最终目的是要建设能够适应经济社会可持续发展的商业模式，共享金融作为共享经济中的一项重要内容，自然不能与其目的背道而驰，因此，机制及商业模式的建设问题就成为其发展的重中之重。金融产品和服务在交易及分配过程中需要不断探索不同平台的商业模式、平台之间的协作配合，以及完全去平台的分散化模式等，将金融的商业目标与惠民目标有效结合起来。

（5）在超额利润的引导下，许多金融模式的创新开始消耗自己赖以生存的经济和社会基础，因而就需要一种好的金融模式来进行填补，共享金融的发展不仅体现了市

场经济伦理，而且其精神动力和理念也改变了当下的金融竞争原则。

（6）科技的高速发展降低了金融活动的信息搜索和交易成本，提高了金融的匹配效率，还能带来正的外部效应，使得金融活动可以更好地渗透到经济社会中，而依托网络的信息沟通和传递优势，也为共享金融活动的开展提供了重要的技术支持。共享金融的发展对抑制金融产业的过度扩张具有重要的意义，并可以促进效率、平等与理论问题的良好结合。

从宏观和微观层面上来看，在高科技不断发展的前提下，共享金融的发展对货币经济学和金融经济学而言是一种全新的挑战，其不但可以在推动金融行业走向繁荣的同时，而且可以更好地发挥其在促进经济社会可持续发展当中的作用。

第四节　共享知识技能

一、"共享经济＋知识技能"发展概况

"共享经济＋知识技能"模式，就是通过互联网将个体或组织拥有的海量智力资源整合起来，与那些有知识技能需求的个体或企业高效匹配，提升社会智力资源的利用率，从而提升生产效率和降低生产成本。

按照不同的标准，知识技能分享可以分为多种类型。比如，在业务内容维度上，可以分为研发意识、知识内容及生活服务等；在业务模式维度上，可分为雇佣制、招标制及悬赏制等。

（一）发展历程

国内的知识技能分享产业发展历程主要包括以下三个阶段。

（1）摇篮期（2001—2004 年）。从 2001 年开始，BBS 中的互动式问答模块从整体中分离出来，威客、博客、SNS 等应用相继出现。

（2）形成期（2005—2010 年）。在 2005 年"威客网"正式成立后，国内市场出现了大量的模仿者，2010 年，国内威客网站总数在 200 家以上，参与者总数超过 2000 万人次，整个威客市场交易额在 3 亿元以上。

（3）发展阶段（从 2011 年至今）。进入 2011 年后，知识技能分享在商业模式、组织结构、业务范围及资本运作等方面不断创新发展，目前正在向生产服务、物流配送等线下领域进一步发展。

（二）发展现状

最近几年"共享经济＋知识技能"产业在国内市场发展势头良好，市场规模迅速

增加，业务范围更为多元，参与人数不断扩大，整个行业正处于黄金发展期，具体表现在以下几个方面。

（1）知识技能分享市场已经具备一定的规模

以威客行业为例，根据市场研究公布的数据显示，2015年，国内威客行业市场规模约为100亿元，总参与人数达到了4000万人，其中相对活跃的用户在600万人左右。

（2）业务范围向附加值更高的高端产业不断渗透

目前知识技能分享的业务范围，正在从中低端产业逐渐扩展到知识技术、全产业链服务等高端领域。

①线上业务高端化。以网站设计、信息安全、程序设计为代表的高端线上业务不断涌现。

②线下业务高端化。以营销活动、教育培训、影视剧本、出版印刷为代表的高端线下细分市场发展势头十分迅猛。

③线上与线下产业的深度融合。比如，"一品威客"在探索基于LBS技术的移动终端App应用"接单助手"的同时，也在全国范围内广泛布局线下市场，建立了多个"超级设计中心"。

（3）参与知识技能分享的用户日趋专业化、精细化

越来越多的高学历群体加入了知识技能分享领域。由艾瑞咨询发布的数据显示，目前国内的威客平台中接受任务的群体受教育程度普遍较高，其中本科学历的参与者将近64%，研究生及博士群体的参与人数约为10%。此外，许多以兼职为主的知识技能分享参与者正逐渐发展成为全职参与者，甚至许多人联合起来搭建创业团队投身到了分享业务中。

（4）垂直细分市场的知识技能分享平台越来越多

例如，医疗健康市场的名医主刀、春雨医生；语言翻译市场的译言网、译趣网；创意设计领域的猪八戒网；程序设计领域的程序员客栈等。

（5）资本市场的投资力度不断增加

2014年8月，春雨医生完成了5000万美元的C轮融资；2015年6月，完成融资总额达到26亿元C轮融资的猪八戒网，一时之间成为社会各界关注的焦点。

（6）知识技能分享平台成为国内创新创业者关注的重要领域之一

以猪八戒网旗下的虚拟产业园为例，截至2015年，产业园中的注册公司数量达到300家以上，成功孵化出1500多家入驻企业。

（三）问题与挑战

作为共享经济衍生出的新兴业态，知识技能分享遇到了来自多个方面的巨大挑战，概括起来主要体现在以下五个方面。

（1）行业监管阻碍

在医疗知识技能分享领域，虽然国家近年来不断尝试推进医生多点执业改革，进一步提升医疗资源的共享。但是各个地方的医生多点执业的申请条件及审核标准存在着较大的差异，严重影响了医生多点执业的进一步发展。更为关键的是，医生多点执业要在人事管理及医师执业管理制度方面做出相应的调整，但从目前的发展现状来看，这种制度方面的改革还有很长的一段路要走。

（2）过高的税收负担

对于创意设计分享平台而言，平台缴纳营业税时，需要按照平台上任务发布方与接收任务方交易产生的总交易额，并非按照平台实际从二者交易中获得的佣金及其他服务费等，这就导致平台需要支付的税收远大于其应该缴纳的税收；而对接收任务的个体劳动者来说，按照现行法律，非劳动合同要按照20%的税率缴纳税金，这比企业正常雇佣的员工税率要高出不少。

（3）劳动保障问题

分享平台与个体劳动者之间并非雇佣关系，而目前我国的法律对这种劳务关系缺乏明确的界定。发生劳动纠纷时，监管部门很难处理。此外，目前平台也无须对个体劳动者承担社会保障责任，当劳动者在工作过程中受到伤害时，缺少可以帮助自己的救助渠道。

（4）诚信体制缺失问题

以创意设计为例，部分发布任务的企业方在接收到个体劳动者的作品后，却以各种理由拒绝支付相应的报酬。还有部分企业直接盗用了那些非获胜方的设计；接收任务的个体劳动者则存在着重复投标、抄袭他人创意等方面的问题；分享平台运营方则存在着套用资金、出售用户信息、虚假宣传等问题。

（5）产权问题

对于知识技能分享产业而言，网络版权保护问题是限制其实现快速发展的一大瓶颈。目前，分享平台很难保证个体劳动者的创意作品不被他人窃取。在发生产权纠纷时，相比于企业组织来说，属于弱势群体的个体劳动者很难维护自己的合法权益。

二、威客经济：经验技能领域的"淘宝"

自威客概念被提出以后，各种各样的威客网站如雨后春笋般涌现在互联网领域中，在这些威客网站上主要交易的内容包括品牌设计、文案策划、网站建设和开发等智力成果。

与淘宝、天猫等主要经营实物的电子商务网站相比，威客网站用于交易的智力成果容易出现一些涉及知识产权、智力浪费等问题，再加上威客模式还没有形成一个比较成熟清晰的商业模式，有关威客网站的声讨也越来越高。

在这种背景下，原本对威客模式的未来充满期望的威客创业者们不得不重新思考这个新领域，有的创业者甚至已经逐渐在这个领域销声匿迹，威客模式在刚兴起几年之后就一度陷入极大的危机之中。

但是威客模式最终没有让人失望，从猪八戒网获得 IDG 上千万美元的融资到完成 B 轮融资，再到威客网获得重量级天使投资到任务中国完成第二轮融资，威客中国、猪八戒、任务中国等老一辈的威客平台又开始在威客市场上活跃起来，与此同时一品威客等新一代的威客创业者们开始以一种强势的力量崛起。

（一）威客平台：SOHO 族的天堂

威客即 Witkey，是由两个英文单词 Wit 和 Key 组成的，Wit 是指智慧，Key 是指钥匙。威客是指那些将自己拥有的知识、经验和技能运用互联网转化成实际收益，创造经济价值的人。有人认为威客网站与淘宝最大的区别就在于淘宝中用于进行交易的是实物，而在威客网站上进行交易的是智力成果。换句话来说，威客网站就是利用非实物进行交易的淘宝或者 eBay。

在非实物市场中发展最快也是最典型的就是团购网站的发展，团购拥有足够大的市场空间，也为服务电子商务提供了良好的解决方案。通过团购网站，消费者可以买到物美价廉的商品和便宜的服务，同时商家也可以利用团购网站处理闲置的资源，利用其物美价廉的商品吸引更多的消费者，从而提高商品的销量，促进商家的发展。这样一来商家和消费者就实现了共赢，团购也受到越来越多商家和消费者的欢迎，从而推动了团购的迅猛发展。

那么威客会成为非实物市场另外一个出彩的地方吗？从目前的发展来看还不能得出这个结论。因为当前的威客都是能够提供专业服务的人，他们的人数比较少，任务的发布者也大都是企业，他们基本形成的一种模式就是企业发布任务，

专业人士做任务。因此发展的市场空间比较小，很难与团购的服务类市场相匹敌。电子商务虽然早就初露端倪，几乎就是与互联网一起成长起来的，但是也就是在近几十年的时间里电子商务才真正被人们所认识和熟知，电子商务 B2C 真正在人们的生活中发挥了价值。如同亚马逊和淘宝，它们也是近几年来才实现爆发式增长的，原因在于基本的关键因素都已经具备了，比如支付手段、物流、用户消费习惯的养成、主流商家的参与等。

eBay 是从经营收藏品逐渐发展起来的，而淘宝是从经营便宜的小商品起家的，但是不管最初是以什么样的形式起家，最终的大发展都是因为有主流商品的加入。淘宝之所以能够在 2008 年后发展起来是因为出现了商城，更多的主流商家开始入驻商城。总而言之，最初都是利用一些起步的商品进行模式探索，然后逐渐增加商品的品类，

直到拥有主流商家。

从目前威客的发展来看，威客还处在探索阶段。从猪八戒网站上可以看到大多数的交易都集中在品牌设计、应用设计、商标注册、营销推广、网建开发和产品设计等方面，因为需求方通常都是商家，所以更像是 SOHO 人员找活的地方。虽然也有一些有关生活服务类的需求，但发布者应该是个人，因而威客网站仍然没有找到一个良好的业务突破口。

威客的市场应该是一个比较专业细分的市场，用户的使用习惯也正在培养和形成之中，要想实现新突破仍需要企业家们孜孜不倦地探索。

（二）专业性和效率成最大挑战

20 世纪 90 年代，跨洋光缆的发展促进了外包行业的迅速发展，光纤将位于美国的企业和印度的厂房连接起来，让原本在美国完成的流程业务可以承接到成本较低的印度来完成，因而也就催生了流程外包这一产业，威客和众包可以说是流程外包的一种。

而今，宽带互联网已经覆盖了全球的大部分领域，这也为流程外包的发展带来了一个新机会。互联网将企业和劳动者连接起来，劳动者足不出户就可以帮助企业完成相应的工作任务，也就形成了所谓的"威客"和"众包"。互联网劳动力的产生也让企业迎来了一个新机遇，可以让企业在全球范围内用更低的成本找到更优秀的劳动力。

那么威客模式在发展的过程中又遇到了哪些挑战呢？在威客公司没有了招聘和管理理念的束缚，因而就难以保证服务的专业性和效率。而且因为威客们是在家完成工作任务的，所以工作的保密性也就成了一个问题。

面对这些问题和挑战，许多威客网站开始转变发展模式，由最初的集中式的任务分配转变为 C2C 模式。最典型的就是猪八戒网，从刚开始依靠交易抽成为主要盈收，到现在依靠竞价排名和广告为主要盈收手段。将质量审核的工作转移到任务发布者身上，为了能够保证服务质量也开始对整个过程进行重新思考并开发创新技术。

三、教育分享：教育领域的颠覆性变革

Uber 与 Airbnb 传达出的共享经济理念，对人类的生活与工作产生了巨大影响，其背后展现出来的巨大发展潜力更是吸引了无数创业者的目光。共享经济模式中，闲置的资源被高度整合后提供给那些有需求的消费者，社会资源的利用率得到大幅度提升，资源的拥有者还能从中获得一定的收益。

在共享经济模式中，可以被分享的对象不仅包括汽车、房屋等实体资源，而且还包括知识、技能等虚拟资源。那么，对于知识共享经济而言，它又会给教育带来什么样的颠覆性变革呢？

（一）职业咨询：服务质量和奖励规模稳步提升

现实中，高校毕业生就业难问题已经成为社会的痛点。许多毕业生找到工作后，会感觉到自身能力不足，在专业性的知识技能方面十分欠缺，想要通过参加培训来提升自己时，又感觉培训费用过高、时间不足。在充分了解到这种情况后，CareerFrog集团推出了为职场菜鸟及在校学生提供职场培训服务的在线职业咨询平台"8点后"。

"8点后"涉及的行业多种多样，导师团队由来自互联网、金融、教育、医疗、文娱等多个行业的人才组成，能为用户提供职业规划、出国留学、面试指导、创业咨询、专业方案等多种服务。此外，"8点后"还会定期举办大规模开放式的讲座，通过资深专家一对多的专业讲解，传播知识价值。下一阶段，"8点后"计划通过引入大数据、云计算等技术，向企业推荐满足其发展需求的求职者。

"在行""领路"也属于提供咨询服务的平台，但从本质上而言，在行的咨询服务更多的是线下一对一的讲解，附带着强烈的社交属性。网络咨询并非一种新兴的概念，从最早的网站问答模式，发展至如今的实时专业咨询服务，整个网络咨询行业已经发生了巨大变革。这种变革主要体现在以下两个方面。

（1）整体的服务质量得到大幅度提升。在传统的网站问答模式中，提问者得到的答案质量无法保障，很多情况下，提问者需要花费大量的时间与精力进行筛选、核实，无法及时解决问题。

（2）知识提供者可以直接获取物质收益，整个行业拥有了清晰的知识变现模式。传统的问答网站中，知识提供者得到的是一些积分、经验等虚拟的奖励，这对许多拥有专业知识的专家学者并没有太大的诱惑力，长此以往整个网站的用户流量会大幅度下降。

如今，许多在线咨询分享平台会对那些提供知识的专家学者进行考核认证，能够充分保证咨询者可以快速得到高质量的答案，而且知识提供者还能直接获得物质回报。对"8点后"平台而言，海外留学生是其关键的市场用户群体，许多需要回国工作的留学生为了增强自己在职场中的竞争力，对这种十分灵活地提升自己能力的在线咨询模式十分青睐，而且其付费意愿及能力也更高。

（二）留学咨询：让流程更加透明

出国留学市场也是在线知识分享的一个具有较大发展前景的潜在市场。由于文化和地域的差异性，许多出国留学的学子需要有专业的咨询机构，帮助他们对海外的留学生活进行充分的准备，在这种庞大的潜在需求驱动下诞生了许多留学咨询服务机构。

作为一个提供专业的留学咨询及出国服务的在线咨询分享平台，"自得网"吸引了大量拥有出国留学经验并在一定领域内获得成功的学生，以视频、语音、文字等形式向那些准备出国留学的学子们分享留学经验，从而帮助他们更好地适应留学生活。

目前，"自得网"不收取费用，服务价格由服务提供者决定。除"自得网"外，在线留学咨询分享平台还包括"阿米哥""云飞跃"等。

在传统的留学咨询服务模式中，机构方掌握了大部分的利润，知识的提供者仅能获得少量的回报；一些机构包装的"明星顾问"性价比不高；部分机构为了从学校获得佣金，甚至向留学咨询者提供虚假信息；传统的一对一咨询需要占用大量的时间与空间成本。而以分享经济为核心的在线咨询知识分享平台则有效地解决了这些问题，广大咨询者可以在有经验的咨询师们的指导下更好地适应海外的留学生活。

（三）语伴产品：选择更多，匹配更多

共享经济最为关键的就是实现了闲置资源的高度整合及高效配置，需求者与供应者可以实现无缝对接。互联网尤其是移动互联网有效解决信息不对称问题，使得信息传递成本大幅度降低，越来越多的闲置资源能够参与到价值创造活动中来，知识、技能等具有巨大潜在价值的虚拟资源拥有了一种全新的变现渠道。这种背景下，能够让人们高效学习新语言的线上"语伴"产品开始大量涌现。

2012 年，让不同的语言学习者能够实时交流沟通的产品"Linqapp"正式上线。用户能通过语音、文字、图片等形式提出问题，通过支付积分吸引那些拥有专业知识的人回答。在以智能手机为代表的移动终端，Linqapp 不仅为用户提供了一个能实时翻译不同语言的"超级字典"，更打造了一个用户广泛参与的高质量语言社区，用户之间可以彼此关注形成社群，并为自己找到志同道合的线下语伴。

伴鱼是国内较为典型的在线语伴产品，它向用户提供了一个在线真人口语训练平台，帮助那些想要学习英语的人们可以流利地用英语进行交流。伴鱼用户能在平台中找到适合自己的语伴，并与其进行实时的交流。此外，伴鱼还支持用户通过文字和图片来进行辅助教学。

这些不断崛起的语伴产品，有效解决了人们在口语学习中的两大痛点。

（1）缺少获得语伴的渠道。无论是线上还是线下，让人们获得适合自己的语伴都不是一件容易的事情，而且许多的线上口语练习平台没有有效的审核及筛选机制，可能危害到用户财产安全及人身安全。

（2）语伴选择的范围过小，无法找到真正满足自己需求的学习伙伴。比如，令大多数人感到十分困扰的时间不匹配问题、跨国语伴之间的时差问题等。此外，拥有相同兴趣爱好的语伴之间能找到共同的话题，这对于人们学习新语言将会有事半功倍的效果。但是，由于在传统方式中用户可以选择的范围过小，因此导致许多用户只能选择那些并不适合自己的语伴。

以伴鱼为代表的在线语伴产品则有效解决了这些问题。与传统的线下培训机构相比，伴鱼强调用户的自主选择及性格匹配。在伴鱼中，用户可以根据自己的个性需求自主选择语伴，使用户学习新语言的效率得到大幅度提升。

（四）未来怎么走：服务和内容仍旧是重点

知识分享平台在得到共享经济发展所带来的红利的同时，也不可避免地遇到了一些发展难题，比如：如何提升供需平衡，如何实现快速匹配，如何让知识需求者与分享者之间建立足够的信任，如何保证用户获得良好的服务体验等，这些问题都需要平台运营方给予充分的重视。

从整体上来看，人们对教育服务的需求会越来越个性化及差异化。对于广大在线教育平台而言，虽然较低的学习费用、人性化的沟通交流，能够在短时间内获取一定的用户，但是平台提供的内容质量及服务体验，才是真正决定平台能否走向成功的关键。

四、付费时代：知识分享如何商业变现

早在原始社会，共享经济就已存在，但由于当时生存环境十分恶劣，个体对群体存在着严重的依赖性，因此人们之间的资源分享更像是一种被动分享。而在生产能力获得大幅度提升的今天，人类社会已经进入了产能过剩时代，人们需要通过与他人分享闲置的资源，来将这些资源实现商业变现。在这种背景下，实现闲置资源高度整合及高效配置的分享经济迎来了黄金发展期。

目前，共享经济已经在交通出行、房屋短租、金融等行业释放出巨大价值，而作为共享经济重要组成部分的知识技能分享产业却发展得较为缓慢，这令我们不得不思考，知识技能分享产业的发展方向在哪里？

（一）知乎：只是分享，没有经济

以用户生产内容的"UGC"模式为核心的知乎，借助互联网平台实现了人们的知识、技能和经验的分享，并且在全民皆媒体的自媒体时代快速完成了海量用户的积累。

在知乎平台上所有的用户都可以自由、平等地分享自己的知识、技能和经验等，在人们碎片化时间得到充分利用的移动互联网时代，人们毫无顾忌地输出着海量的信息。但这种无须经过严格审核的非标准化知识分享，也对整个平台的发展带来了较为严重的负面影响。一些营销人员、公关人员、水军等，借着其他用户提问的问题进行品牌推广，早期支撑知乎平台实现快速扩展的意见领袖们开始大量出走。

知乎虽然在平台中建立了广泛的知识网络，但是这种知识网络是由一个个独立的问题构建起来的碎片化网络，缺乏清晰而又系统化的脉络。具体到用户维度上，知乎中的知识涉及了所有的类别，但是它却不具备向某个具体用户提供定制化及个性化知识服务的能力。知乎虽然可以在用户提出问题时帮助其解决问题，但却不能根据用户的问题向其推送个性化的知识服务。

当知识技能可以被免费得到时，这种知识与技能也就变成一种常识。常识可免费

得到，但是真正有价值的知识技能却不可能会被免费分享。在存在闲置的知识、技能等资源的前提下，想要让某一领域的"分享"升级为一种可以实现价值变现的"共享经济"，需要满足以下几个方面的需求。

（1）该领域的需求与供给本来就存在，"分享平台"的作用是将二者实现有效匹配，在最大程度上实现供需平衡。

（2）"分享平台"提供的产品及服务、实现流程标准化等方面的边际成本，低于该领域原有的专业供应商。

（3）创造出一种新型的分工形式，并拥有实现快速价值变现的商业模式。

知乎通过知识分享实现了快速发展，但它却无法为提问者制定出个性化的解决方案，也不能让平台中的知识供应者完成价值变现。作为 BAT 之一的腾讯投资知乎，看重的是未来知乎可以与腾讯旗下的阅文集团相互整合，以弥补腾讯在内容上的短板，而并非知乎的商业变现能力。从现阶段来看，知乎侧重的只是知识的"分享"，还不能称之为如 Uber、Airbnb 一般的"共享经济"。

（二）知识共享经济，由"免费"向"付费"蜕变

共享经济真正需要的是边际成本的降低，绝非免费提供商品及服务。与知乎的知识免费分享所不同的是，付费型知识分享已经上升至"经济"层面，能够针对用户的个性化问题制定出解决方案，并且让分享知识技能的服务提供者得到一定的物质回报。服务提供者在获得收益的同时，相应地承担了某种责任。免费的知识分享之所以出现五花八门、答非所问的现象，很大一部分原因就是这些回答问题的人无须承担任何责任。

知识共享经济能够借助互联网将个人拥有的知识资源实现分享，并为其带来一定的物质回报。未来，这也许将成为知识共享经济实现跨越式发展的关键所在。知识共享经济与知乎最为本质的区别就在于基本逻辑的差异。此外，这种基本逻辑也是判断能否将某种模式划分为共享经济模式的重要基础，其具体表现在以下三个方面。

（1）体验重构：提供服务的场景与交易方式发生了颠覆性的变革，交易时间、场所、交易对象完全由交易双方自主决定。

（2）价值重构：实现了知识、技能、经验等虚拟资源的商业价值变现。

（3）关系重构：交易持续时间较短，双方发生交易行为的时间可能仅是日常生活中的某一段碎片化时间。

如今，知识分享领域也诞生出了一些极具代表性的产品，如以下两家。

（1）Skillshare：Learnanythingfromanyone。2011 年 4 月，Skillshare 在美国纽约正式成立。作为一家 P2P 模式的专注于个人技能分享网站，它能让任何拥有一定知识、技能的人成为知识价值的分享者。Skillshare 中的知识覆盖了大多数科目。创业指导、

编程设计、公文写作、音乐创作等各种技能，都能在 Skillshare 的帮助下获得提升。

分享机制：在 Skillshare 中，每个人都可以通过提交申请成为提供知识的教师，也能成为学习知识的学生（需要支付一定费用），完美地将共享经济与众包教育实现深度融合。

（2）程序员客栈。互联网远程工作中心，程序员的经纪人。2015 年 1 月开始正式运营的程序员客栈强调以程序员为中心，将自身打造成程序员的经纪人。该平台签约了将近 3 万名拥有大量闲置时间的产品经理、程序员、设计师，可以为企业提供产品开发、设计、企业驻场等多种服务。

分享机制：能在 12 小时内为企业对接具备专业技能的人才，帮助创业企业解决产品研发、生产方面的难题，并且使程序员将自己的知识、技能变现为物质回报。程序员按天计费，价格为 300—2000 元 / 天。

从知识分享整体的发展趋势来看，其正在实现从"免费"向"专业付费"的转变。对于那些具备专业知识、技能及一定空闲时间的人来说，丰富的知识储备及扎实的技术功底可以创造出巨大的价值。这也正与逻辑思维创始人罗振宇所说的"U 盘化生存"（自带信息，不装系统，随时插拔，自由协作）观点不谋而合。

（三）知识共享经济的未来

毋庸置疑的是，知识分享可以释放出巨大的价值。人类文明的不断演进就是建立在知识体系不断完善的基础之上，知识需求市场是一个真正看不到天花板的增量市场。如何将"知识分享"提升至共享经济的维度，是众多的创业者应该思考的问题。

知识技能类分享如何变现为商业价值，是否能够创造出一个体量庞大的市场，归结起来就是回答以下几个问题。

（1）它是否具备完善的定价、奖励及反馈机制？

（2）它创造的全新的社会分工形式是否能够创造新的价值？

（3）它是否拥有更低的成本与更高的效率？

（4）它是否会导致社会产生新的矛盾，给人们的生活带来更多的不稳定因素？

在一个泛中心的共享经济时代，知识分享产业正走在蓬勃发展的路上，其未来可能释放出的海量价值，值得每一个想要在移动互联网时代颠覆 BAT 的创业者们为此耗费毕生的精力。

第五节　共享生活服务

一、社区共享经济：互联网时代的生活变革

随着"互联网+"概念的逐步落地，社区共享经济作为一个巨大的增量市场已经引起了众多人的关注。社区O2O作为社区共享经济的开路先锋，有的在行业内取得了重大的突破，获得了鲜花和掌声；有的却如过眼云烟般黯然退场。

作为一种新型的经济模式，共享经济的核心在于通过扩大供给实现资源的优化配置，解决供需不平衡的现状。在消费品市场中，共享经济具体表现为越来越多的消费者开始将关注的重点从物品所有权转移到使用权上，比如，过去可能许多人都希望能拥有一辆自己的车，而现在不一定非要买车，使用滴滴出行同样也可以满足自己的出行需求。分享经济实质上就是将物品的使用权按需分割成不同的时间段，并将其分享给不同的有需求的用户。

在社区服务中，共享经济的优势在于可以分享独特的内容或服务、边际成本趋于零、满足长尾需求、使交易更加具有人情味。但是与原有的社区服务相比，社区共享经济还具备更深远的变革意义。

（一）在长尾需求中实现了目标人群差异化

互联网和移动互联网在社会生活各个层面的逐渐渗透，让我们的生活节奏进一步加快。不论是感情还是日常生活，"快餐式"已经成为越来越多人追求的目标，与此同时，人情味开始日益淡薄。有一定条件的中产阶级比起花费时间自己创造生活，更愿意花钱享受品质生活。从洗衣、保洁、烹饪、外卖到养老，都可以在e袋洗、家政阿姨、58到家、小e管饭、盖网的微小企联盟（SKU）等分享平台上获得相应的服务。

用户的这些需求不仅极具个性化，而且呈现分散性的特征，是一种典型的长尾分布，为原本主要解决用户共性需求的平台带来了极大的困惑，但是却为中小创业者的诞生和生长提供了肥沃的土壤。长尾需求背后的消费群体与普通消费群体相比，更注重品质及人情味，这也是推动消费升级的重要动力。

（二）属地化就业，实现最佳人力资源配置

人力成本始终是压在社区服务上的一座大山，而社区共享经济模式下的新型平台则摧毁了这座大山。供给不足、服务水平良莠不齐，是中国社区和家庭用户面临的重大挑战。

受计划生育等政策的影响，在我国的人口结构中40岁以上的人群已经超过了

54%，新生代劳动力匮乏；再加上越来越多的年轻人属地化就业，异地就业的年轻群体逐年减少，外地劳工稀缺成为许多服务型企业面临的共同问题。

随着一二线城市发展水平的日益提高，社区服务的专业化和工作强度也在逐渐提升，家庭用户对社区生活服务的质量及数量的要求得到了极大地提升，30%以上的服务存在着供应不足的问题。而社区共享经济模式的平台充分发挥了闲散人群的力量，将专职太太、退休人员、独立手艺人等集中起来，填补短缺的供给，这部分群体不仅有充裕的时间，而且对社区比较熟悉，有较强社交的需求，并且不太在意个人的收入。

属地化就业模式帮助社区服务降低了对外地年轻人的依赖，同时也节省了人力开支，实现了人力资源的优化配置，充分释放闲置人力资源的价值，有利于提升用户满意度，推动实现更成功的社区服务。

（三）提升了人的价值和时间，实现了社区社交本质

有这样一群人：他们对于精致的生活始终有不懈的追求，对社会的一切保持着较高的敏感度，是企业服务中的稀缺资源，是很多产品品类的主力，同样也是新产品和新服务在诞生之初第一个尝鲜的人。

他们敢于尝试新鲜的事物，追求潮流，愿意接受新型的社区服务模式。而且他们在社区生活中长期处于封闭状况，对于走出房间，加强与邻里之间的沟通具有极大的需求。

社区共享经济的发展打破了社区中邻里之间的社交隔膜，让邻里之间在相对空闲时有效地连接起来，不仅满足了双方的社交需求，而且丰富了自己的精神世界。比如，比较具有代表性的社区生鲜O2O平台"盖鲜生"等将社区中热爱便利生活的群体挖掘了出来，优质的生鲜服务商把生鲜食材分享供应至盖鲜生终端设备中，社区居民可以在下班的路途中用手机下单，然后到小区终端设备中取食材，或者社区居民可以直接在小区的盖鲜生终端设备中下单取食材，回到家里就可以制作自己喜爱的美食。

社区共享经济不仅满足了日益个性化、多样化和自由化的社会需求，而且还为社区服务节省了大量的时间、实现了资源的优化配置、创造了更加灵活的就业方式，这不仅是对传统社区服务的一种突破和创新，也是对行业价值的提升。当更富裕、更个性、更成熟的中产阶级成为主要的消费群体时，价格将不再是购买决策的决定性因素，人情味的产品和服务将成为越来越多消费者追求的目标。

二、旅游共享经济：旅游"私人订制"模式

"要个性不要模仿，要时尚不要大众"的消费观念，在旅游市场体现得越发明显，越来越多的消费群体开始关注旅游品质，他们愿意为优质的旅游服务买单。但是由于信息的不对称，导致他们无法找到称心如意的导游服务提供者，而优质的导游服务群

体，却面临资源获取、推广以及路线策划等问题，致使供需双方无法实现有效对接。

而旅游O2O的出现和成长，推动线上、线下走向了融合，服务将成为旅游O2O的本质和核心，在共享经济理念的指引下，旅游业重新焕发生机。

旅行六要素包括：吃、住、行、游、购、娱，而"游"是旅行的核心要素，因此，旅游业在优化升级的过程中也应该紧紧围绕这一要素。

在共享经济的影响下，住宿和交通领域已经历了深刻的变革，共享经济在这两个领域的发展已经初见成效。

共享经济在旅游业中的渗透和发展不仅改变了消费者的出行方式、住宿方式、旅游方式以及社会属性的延展方式，与此同时在分享经济下的供需双方成为商品或服务的提供者以及消费者，他们在达成交易的过程中，利用互联网结成了较为紧密的社交联系，同时省去了中间机构，让商品或服务在满足人类的需求上拥有了温度，改变了人们对于传统冰冷商业的认知，共享经济带来的这种温度也正是目前旅游服务业所渴求的。

在旅游O2O的创业大潮中，已经有企业率先试水共享经济，致力于解决目前旅游业存在的问题，旅游共享经济有三个显著的特征。①搭建互联网系统平台，将当地现有的社会闲散资源（主要是指旅游领域业余从业者）集中起来，提高资源的利用率。②在旅游共享经济下，将旅行社的导游从旅行社机构中解放出来，从而充分释放导游的生产供给能力，对于爱好旅游并且具有丰富经验的人来说，其可以在平台上售卖自己闲散的时间，赚取额外的收益。③提供个性化的私人订制旅游服务，在旅游平台上，游客可以联系当地的旅游达人，说明自己的旅行计划，并要求订制个性化的旅游服务，从而获得专属于自己的个性化旅游体验。另外，共享经济下的订制旅行有两个重要的模式，即旅行顾问模式和目的地达人伴游模式。

（一）旅行顾问模式：至优壹佰

至优壹佰是盖网公司旗下一家专业的提供在线旅行服务的商旅平台，平台的服务内容中除了可以直接预订酒店、机票、旅游线路之外，还可以为用户量身定制个性化的旅游路线方案。用户可以在平台上选择旅游行程定制服务，也可以自由预订单项产品。

具体的服务流程是用户向平台客服提交自己的旅行计划需求，并按流程支付订单费用；系统会将订单派发给旅游设计师，让他来为你订制路线方案；如果你对于设计师设计的路线方案很满意，可以确认路线方案，并预订生成后的日程安排，之后你就可以放心地按照预订的日程去旅行了，至优壹佰可以为你的全程提供全面的服务。

在旅行顾问模式中，旅行设计师一般都是比较熟悉当地风土人情的人，因而进行的推荐及路线设计都是最具有代表性的，同时，还可以结合当地的实际情况为用户提出一些比较实用的出游建议，帮助用户体验自由化、生活化和个性化的旅行。设计的旅行线路都是当地最有特色和代表性的景点、餐饮，用户可以循着这些踪迹去体会当地的乡土人情魅力以及源远流长的文化。

（二）目的地达人伴游模式：同游网

同游网是一个利用网络社交为用户提供定制化旅游体验的交易平台，同游网为游客和旅游达人之间搭建了一个沟通、交易的桥梁，平台上的旅游达人几乎覆盖所有较有名的旅游目的地，游客可以选择旅游达人在平台上发布的有明确出团时间以及报价的行程，也可以向目的地达人发布自己的旅游需求，并等待回应。如果资金比较充裕，游客也可以让旅游达人为自己量身定制个性化的旅行方案。

通过同游网选择旅游行程不仅可以减少在陌生地旅行的障碍，获得独具特色的旅游经历，而且当地的旅游达人也可以实现创收。

同游网当前核心的战略手段就是推出精品小团。通常情况下，旅行体验的品质与同行人数是成反比的，传统旅行团人数一般在30~40人，虽然成本较低，但是旅游体验差。而私人定制的旅游线路虽然品质有保障，但是成本较高，而精品小团介于两者之间，既可以保障旅游服务的品质，价格也在游客可承受的范围之内。

同游网从用户比较熟悉的跟团游切入，推出了精品小团旅游模式。精品小团与传统旅游团相比，不同之处有以下两点。

首先，在传统旅游团中，导游的职责是保障游客的安全，并顺利完成带团任务，不注重与游客的交流，也不会关心游客的体验；而精品小团的行程是在征求游客意见的基础上设计的，由于人数较少，每一位游客都可以平均享受到达人提供的更长时间的服务。

其次，在正式出行之前，用户可以与达人建立联系，并在预订行程的过程中认识更多志同道合的团友，拉近与团友之间的距离，消除与陌生人一起旅游的紧张感。同游网成功融入了社交元素，用户不仅可以与达人建立联系，而且也可以认识同团的团友，在相互认识的基础上结伴出游，会体验到更多的乐趣。有了当地旅游达人的带领，不仅可以提前安排好酒店及出行车辆，享受与旅行社跟团一样的便捷，而且也可以获得像自由行一样的自由和轻松，是外出结伴旅行的上选。

当前这种订制旅行模式在管理上还有待完善的地方。一是平台上的很多旅游达人并不是专业机构的服务人员，而平台对服务质量又有较高的要求，因此这就需要同游网能够制定统一的服务标准，从而确保用户能够获得良好的旅游体验；二是因为达人或者伴游并不是专职导游，在行程规划之外的项目，他们可能不会提供帮助，因此，游客在出行之前应该清楚这一点。此外，随着服务需求的日益差异化，只有不断扩大达人的规模，才能尽可能满足更多用户的个性化需求。

三、餐饮共享经济: "互联网 + 餐饮" 新玩法

"民以食为天",是中国自古以来就流传的俗语,中国人向来喜欢在"吃"上下功夫,在餐饮生意上亦是如此。而今,随着共享经济时代的到来,即使是不会做饭的人,在"吃"上也会有各种各样的选择。如果不想出门,只要打开手机点击外卖,就可以坐等美食上门;如果想要换口味,各种各样的私厨定制瞬间让你眼花缭乱;如果想要去餐厅但又对价格比较敏感,可以选择 O2O 模式,线上支付,线下消费。国内的餐饮 O2O 经过近几年的发展,已经形成了四种比较鲜明的模式:C2C 模式的私厨上门、C2C 模式的分享家厨、B2B2C 模式的共享厨房产能、混合模式。

(一)C2C 模式:私厨上门

对于注重消费升级和社交体验的消费者来说,要想品尝到安全、品质有保障的美食,可以邀请星级酒店的大厨上门服务。爱大厨、好厨师等都是私厨上门的典型代表,这两大应用在 2015 年都获得了近亿元的风险投资。

对于那些没有时间下厨或者不懂烹饪、但是又喜好美食的都市白领而言,请厨师上门烹饪美味佳肴,可以让他们大饱口福。C2C 模式的私厨上门,可以让厨师直接与消费者对接,开创了一种餐饮供应的新模式。

通过私厨上门 App,厨师可以将自己的碎片时间利用起来,为用户提供餐饮服务,并获得一定的收益,同时也有利于厨师塑造个人的品牌。

(二)C2C 模式:分享家厨

分享家厨也可以称之为"互联网 + 厨房",人们利用自己闲置的家庭厨房为有需要的人提供餐饮服务,并获得额外的收益,同时又可以让在外辛苦工作的人能够感受到在家吃饭的温馨。

分享家厨不仅让远离家乡在外打拼的年轻人有机会感受到家庭的温暖,而且也满足了这类人群的个性化消费需求。回家吃饭、妈妈的菜、我有饭、妈妈味道等都是分享家厨领域的重要代表,其将过去集中在一起的大厨分散到了每家每户中。

但是,分享家厨在发展过程中也出现了很多问题,如为了能够吸引更多的用户展开大规模的烧钱运动,在没有足够资金的支撑下,很多主打分享家厨概念的公司遭遇了生存困境,而且在分享家厨中,厨师的配合程度、时间的稳定性以及菜的口味都是需要考虑的问题。此外,分享家厨中从原材料的采购到烹制过程都缺乏监管,一旦出现问题,消费者的权益无法得到有效保障。

C2C 模式的分享家厨在发展过程中遇到的问题主要有以下四个。

(1)平台的运作需要投入大量的资金。平台在发展壮大的过程中需要对厨师及用户两端开展补贴活动,因此,必然要有充足的资金。

（2）分享家厨的竞争激烈。外卖、厨师上门、半成品到家都是其有力的竞争对手，尤其是各种外卖平台为了争夺用户，开展了大规模的烧钱运动。

（3）配送效率低、成本高。分享家厨中的厨师大多为家庭主妇，因而不能同时兼顾做菜和配送两项工作，致使产品的配送效率低下，依赖其他配送机构或人员在一定程度上也提高了成本。

（4）盈利空间有限，平台对于提供的普通正餐提成较少，利润的提升空间较小。

（三）B2B2C 模式：共享厨房产能

共享经济的强势来袭。让众多的餐饮行业也迫不及待地加入了分享经济的探索行列中，如以下两家企业。

1. 黄太吉工厂店

凭借自己在互联网方面的优势，黄太吉开创了一种外卖工厂店的新模式，通过引进第三方品牌，与第三方品牌分享生产、物流以及终端配送，共同打造共享经济领域的新格局。

黄太吉将外卖工厂店开在了客户群体比较集中的 CBD 附近，外卖工厂店集中了所有的原材料和半成品，利用标准化的设备和工艺，充分释放工厂店的产能，并将其全部投放到外卖上，同时引进的第三方品牌也可以分享工厂店的产能。

从单品连锁到多品牌连锁，再到精品外卖分享平台，这是黄太吉发展的一种方向。

2. U 味儿美食智能平台

U 味儿是一个 O2O 云中央厨房平台，代表了中国餐饮市场未来的发展方向。该美食智能平台将利用金百万的中央厨房将菜品做成了半成品或准成品。依靠 30 多家门店开展线下销售。U 味儿从闲置产能切入，围绕"智能炒锅＋准成品菜＋线上下单配送服务"，重构餐饮产业链。餐厅可以利用闲散时间将产能投放到中小餐馆及家庭中，帮助中小餐馆解决在高峰阶段产能不足的问题，同时还能降低中小餐馆的厨房配置成本、解决卫生难保障的困扰。

（四）混合模式：吖咪厨房

与其他做私厨共享经济平台不同的是，吖咪厨房将线下的厨房视为社交场所，在融合了美食爱好者行为习惯的基础上，将美食场景划分为体验美学、空间连接和跨界社群三个方面。

（1）体验美学：注重食物的艺术感体现。

（2）空间连接：不仅实现了美食爱好者的厨房梦，而且也打造了精致优雅的进餐环境。

（3）跨界社群：在饭局中挖掘新的社交价值，从过去依靠美食挖掘功利性价值到如今美食爱好者因共同爱好而相互结识。

吖咪厨房已经在全国 10 个城市举办了 5000 多场次的美食派对、私人饭局、厨艺课堂等活动，并且已经积累了大量的用户，为吖咪厨房下一步的发展奠定了重要的基础。通过吖咪厨房，用户不仅可以认识到更多拥有共同美食爱好的"饭友"，也可以体验到一堆人在一起开美食派对的乐趣。

吖咪厨房在天使阶段就获得 IDG、挚信、启赋等投资机构的投资，目前估值已经超过 3 亿元。

四、家政共享经济：懒人经济下的家政 O2O

中国经济的快速发展推动中国社会步入了家庭小型化、人口老龄化、生活现代化、社会服务化的阶段，这也使得市民对于家政服务的需求不断上升。有数据显示，2013 年整个家政服务市场的规模为 8000 亿元，但是到了 2014 年，家政服务市场的规模就冲破了万亿元大关，并且每年还在以 20% 的增速持续增长。而懒人经济概念的产生，在一定程度上推动了家政 O2O 产业的发展，家政 O2O 受到了众多资本的青睐。

在家政 O2O 领域不仅有阿姨帮、河狸家、e 袋洗等创业公司，同时还有 58 到家、京东、盖网的微小企联盟（SKU）等企业。不管是初创企业还是大型企业，在进驻家政 O2O 领域的时候，它们都对商业模式是垂直还是平台存在着疑问。在对家政 O2O 进行深入研究后，我们发现，家政 O2O 最佳的商业模式应该是先垂直后平台。

（一）家政 O2O 的 3 种模式

家政 O2O 有中介平台模式、中介垂直模式和自有垂直模式。

1. 中介平台模式

代表：云家政。云家政引进传统家政公司入驻平台，用户在平台上可以预约选择不同家政公司的阿姨、保姆，整个业务关系链为用户→云家政→传统家政公司 - 阿姨或保姆。

2. 中介垂直模式

代表：e 家洁、盖网的微小企联盟（SKU）。提供家政服务的阿姨在 e 家洁或盖网微小企联盟（SKU）上进行注册，用户可以在 e 家洁或者盖网微小企联盟（SKU）上预约家政服务，并自主选择平台上的阿姨。业务链为用户→盖网微小企联盟（SKU）、e 家洁→阿姨。

3. 自有垂直模式

代表：小马管家、三个管家。由公司自己培训阿姨，用户在平台上预约家政服务之后，平台自主分配阿姨为用户提供家政服务。业务链为用户→小马管家 / 三个管家。

（二）减少中间环节，直接管控服务质量

上门服务的本质在于服务，而服务是由人提供的。由于家政领域存在的非标准化

问题，比如擦地板的标准流程是什么、应该擦多长时间等，导致不同的人做出的服务存在着较大的差异性。清洁同一个家庭，不同的人使用的时间是不同的，清洁的程度也是不同的。中介模式无法统一诸多家政公司的服务标准和收费标准，同时也无法对服务的质量进行有效的管控。

家政O2O实现了利用互联网将消费者与服务提供者有效地连接起来，省去了更多的中间环节。在以上三种商业模式中，自有垂直模式直接将服务提供者与消费者连接起来，忽略了中间的所有环节，而且平台会对员工进行培训标准化的服务流程，能够对服务质量进行有效把控。因此，从这个角度上来看，自有垂直模式是一种最佳的商业模式。e家洁在经过一年的运营之后，开始逐渐向第三种商业模式过渡，自己招聘和培训阿姨为用户提供优质的家政服务。

（三）"高频低价"带动"低频高价"服务

在家政服务领域，不管是盖网微小企联盟（SKU）、e家洁，还是小马管家、三个管家，都选择将家庭保洁项目作为进入家政服务领域的入口，通过高频低价的家庭保洁服务，抢占更多的家庭用户，从而为玻璃清洗、石材保养等低频高价服务奠定重要的用户基础。

家庭清洁几乎没有专业化的要求，因此准入门槛较低，可以快速招聘和培训一定数量的阿姨，迅速在家政服务市场抢占一席之地。与类似云家政的中介平台相比，专业化要求较低的家庭清洁服务质量无法得到有效管控，更不用说是专业化要求较高的月嫂等服务了。

与许多创业企业相比，58到家不管是在资金还是在流量上都有巨大的优势，但是在上线之初还是通过低频高价的家庭清洁服务作为家政服务的切入口，自己招聘员工并进行培训之后，为用户提供上门服务，在获得一定的用户基础之后再推出上门美甲、搬家等低频高价的服务品类。

综上所述，对于家政O2O服务来说，一个行之有效的商业模式应该是这样的：首先，通过高频低价的服务带动低频高价的服务，推动实现服务的标准化和统一化；其次，迅速抢占用户并积累到一定的数量级；最后，接入线下家政公司推动服务的规模化，并形成家政O2O服务的平台。

第六节　共享生产能力

生产能力分享指的是通过互联网平台，将不同企业闲置的生产能力整合，实现产品的需求方和生产的供应方有效对接的新型生产模式。一般而言，根据需求方身份的不同，生产能力分享可分为两种类型：业务协作与众包生产。业务协作指的是生产型企业将自己生产线中的某些业务众包出去，如产品配件、外包装、图形设计等。众包生产指的是由产品的需求方提出产品要求，将产品的全部生产众包出去。这两种类型在具体操作模式上相差不大，不过业务协作模式增加了生产型企业与产品销售商对接的环节。生产能力分享代表案例有爱鲜蜂、沈阳机床、阿里巴巴淘工厂等。

一、爱鲜蜂："众包模式＋产品渠道模式"

2014 年 5 月上线的微信服务号"爱鲜蜂"，采用了"众包模式＋产品渠道模式"，以众包微物流配送为核心模式，定位为"掌上一小时速达便利店"，专为各种"懒人"服务，主打"新鲜美食，闪电送达"。

蜜蜂是勤劳、效率和以小聚大的代名词，这也正是爱鲜蜂的定位和气质。"爱鲜蜂"的"爱"就是希望能让大家的生活变得轻松些，更有爱。"鲜"，就是新鲜，代表着商品品质、移动模式、用户体验的全新鲜；"蜂"，代表配送店多，配送人员依托社区小店，像蜜蜂一样围在消费者身边，为消费者提供一小时内的商品配送服务。爱鲜蜂的配送终端是社区小店。爱鲜蜂的送货员——"鲜蜂侠"基本上是各住宅区及办公区周边的小店店主，这个人群具有闲暇时间多、距离用户近的特点，使"最后一公里"得以实现。

"一小时配送圈"对效率的要求很高，如何实现这一点，爱鲜蜂有自己的模式。爱鲜蜂建有自己的果园，并与生鲜食品供应商达成合作。每日，工作人员从爱鲜蜂北京各区域的冷库，将商品配送至各社区小店。有时小店把商品需求发过来，爱鲜蜂也可以安排供应商直接供货到店。至于一些小零食、生活必需品则由社区小店自己供货。

爱鲜蜂所售商品主要有两类。一类是冷鲜食品，如小龙虾、冰淇淋等；另一类是生活急需用品，如香烟、蚊香、电池等。为了满足"懒人"各种突如其来的消费需要，其配送时间从上午 10 点一直持续到凌晨 2 点。如果登录爱鲜蜂的平台会发现，其提供的食品并不是解决一日三餐的正餐，而是在嘴馋的时候、宵夜的时候或者困了的时候想吃的零食居多。这些零食的提供者是爱鲜蜂分布在各处的便利店或者小商铺，用户下单的信息会根据地理位置直接反映到商铺手中，然后由商铺确认订单并且进行外卖配送，一旦出现缺货或者人手不够等问题只需要由商铺进行反馈，系统就会向其他商铺发送订单信息。这主要得益于仓储模式的放射状结构，大量便利店形成的网状结构足以满足区域内的用户。

爱鲜蜂配送模式如图 3-1 所示。

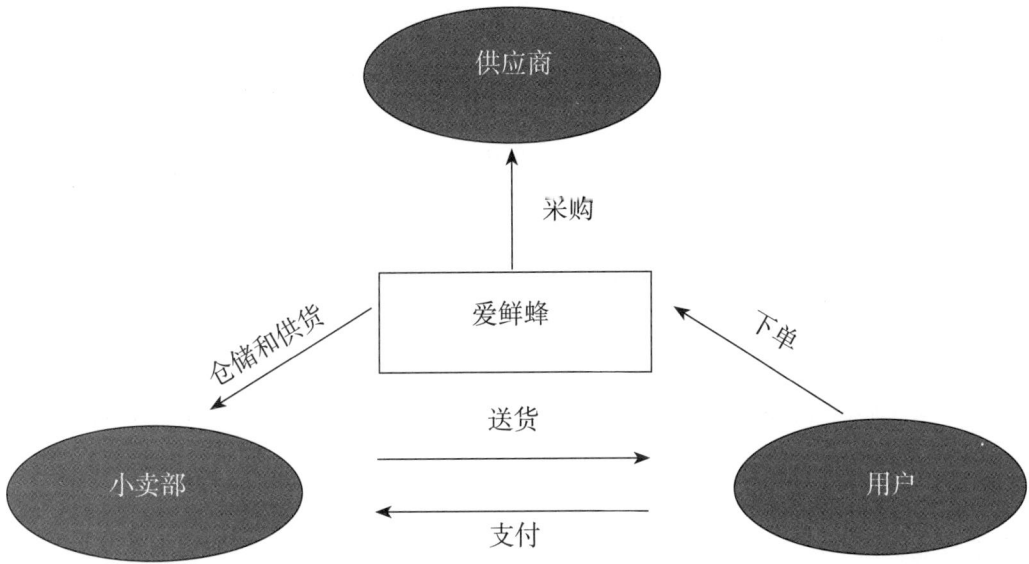

图 3-1　爱鲜蜂配送模式

　　爱鲜蜂搭建了一个连接上游供应商、下游小店店主以及用户的平台,它采用"众包"模式,没有自己的物流团队,配送商品也不完全由自己供货,而是整合各方资源形成一个商业生态圈。爱鲜蜂会深入到各个小区,按照是否有外送能力、是否有稳定客源等标准,挑选合作小店。爱鲜蜂会帮助小店"装备",安装爱鲜蜂的灯箱、冰柜、冰箱、配送箱,发给店主配送工装等。店主加入后,可以通过爱鲜蜂的 App 销售自己店内的商品,每送出一个订单收取 5 元配送费。让小店也能够融入 O2O 并增加收入,这也是爱鲜蜂最初决定采用众包模式的出发点之一。

　　众包模式虽然可以最大限度地节省自己的成本和人力,但是问题也很明显:不可控。对于这个问题,爱鲜蜂采用的是利用产品渠道和利益模式来保证与便利店良好的合作。除去便利店本身的商品之外,爱鲜蜂还与中粮合作,提供一些独家产品供便利店销售,这些产品通常是一些不太好买到的中高端商品,同时价格与沃尔玛等大型超市相比有着很大的价格优势。一方面作为产品渠道商,另一方面为便利店带来额外的订单,通过这样的方式来让便利店保证按需求完成用户的要求。

　　爱鲜蜂认为,作为外卖配送行业,抓住用户的唯一条件就是外卖配送时的服务。在用户越来越接受为服务买单的前提下,提供让用户足够满意的服务才能形成良性的循环。

二、沈阳机床: i5 智能机床实现"指尖上的工厂"

　　机床被称作"工业母机",其发展程度决定着一个国家装备制造行业的整体水平。

但受宏观经济影响,从 2012 年开始,经历了"黄金十年"的机床行业陷入深度调整;而同时,位于上海同济大学的沈阳机床数控研发中心,i5 数控系统项目自主研发了 5 年,并取得了突破,攻克了 CNC 运动控制技术、数字伺服驱动技术等核心底层技术。作为工业化、信息化、网络化、智能化、集成化的有效集成,i5 智能系统开启了沈阳机床发展的新纪元。沈阳机床厂也因此成为具备生产能力的供应方,而连接智能机床的 i 平台成为其自建的共享平台。

2014 年 2 月,沈阳机床集团率先在全球首发 i5 系列智能机床,基于互联网、误差补偿技术领先、控制精度达到纳米级,这些先天优势让 i5 系列智能机床一面世就抢占了机床行业未来"智造"的先机,它已经不是一台传统意义的机床产品,而是基于互联网的智能终端,实现了操作智能化、编程智能化、维护智能化和管理智能化。该系统使工业机床"能说话、能思考",满足了用户个性化需求,工业效率提升了 20%,实现了"指尖上的工厂"——指尖轻点,通过移动电话或电脑,即可实现对千里之外的 i5 智能机床下达各项指令。

在国外,操作一台智能机床,一名技工需要经过数年专业的培训和半年以上的实际操作,才能做到熟练掌握其工作流程。但在中国沈阳机床上海研究院里,有这样一台智能机床:即便叫来一名初步具备机床操作基础知识的技工,只需对其进行半天或者一天的培训,他就可以熟练操作该设备,甚至还可以按照每个用户的独特加工需求而实现"私人订制"。

中国范儿在哪里?中文操作界面简单易上手,更重要的特点是有内涵。每台 i5 都会独立思考,把用户的想法预先三维模拟出来,还可以按每个用户的独特加工需求而私人定制,选择强化或删除某些功能,以突出针对适用性和较高性价比;每台 i5 都会参与群体思考,基于物联网,在客户端实现智能化工厂,在售后端实现远程诊断、智能校正。这些都是国际同行做不到的。插上网络翅膀的 i5 甚至飞上了云端,因为云制造平台知晓每台 i5 智能机床的实际使用情况,沈阳机床由此大规模开展机床租赁和回收再制造业务,这也是业界独一份。

不靠价格竞争,创造出超出客户想象的产品和服务,沈阳机床在国内机床行业打响了创新转型升级的头炮,i5 智能机床上市当年订单就接近 2000 台,浙江区域用户重复购买率达到 64%。江苏某电器公司总经理看准了 i5 机床能回购的好处,5 年半价回购,企业投入的成本早就回来了。他 3 个月内一下子就订购了 50 台,还准备在车间里用机器人管理智能机床。一家资讯家电行业全球战略零部件供应商前期购买了 60 台 i5 智能机床,使用后非常满意,近期与沈阳机床商谈追加 1000 台订单。

市场的认可让 i5 智能系统研发再加速。经过一年多的紧张测试,2014 年年底,i5 智能系统的五轴技术已经成熟,具有自主知识产权的五轴智能机床 2015 年实现了量产,完全可以与采用国外系统的同类五轴机床比肩,为沈阳机床进军高端市场奠定了坚实的基础。同时，i5 战略吸引了诸多战略性客户向沈阳机床抛出橄榄枝，金融机构围绕沈阳机床 i5 战略给予近百亿元金融授信。

2015 年 3 月，沈阳机床毅然推出基于 i5 的"i 平台、云制造"智能网络，也就是将设计、制造、服务、供应链、用户集成到云端，形成"智能制造、工业互联网、在线服务、金融、大数据、再制造、伙伴"的全新商业模式。

2015 年 4 月，沈阳机床参加了德国电子信息及通信技术博览会和中国国际机床展，把智能机床和以此为基础打造的"i 平台"推向全世界。i5 面世给机床行业带来的刺激，不亚于智能手机对传统手机的巨大冲击。即便是热衷于工业 4.0 的德国人，看后也瞠目结舌。德国电工委员会主席 Roland Bent 实地参观沈阳机床时连称不可思议。2013 年德国刚提出第四次工业革命即工业 4.0 战略，以期在制造领域将资源、信息、物品和人相互关联，构建高度灵活的个性化和数字化的智能制造模式，没想到，在沈阳机床这么早就看到了中国工业 4.0 的现实样本。

沈阳机床厂开发了 i- 智能化数控系统，打造了 i5 云制造平台，实现机床闲置时间的共享。从核心技术研发到生产方式转变，再到商业模式创新，沈阳机床毫无疑问是工业 4.0 的中国绝佳落地样本，打造了一个"中国智造"升级版。

三、阿里巴巴淘工厂：利用工厂空档期实现整合协作生产

阿里巴巴淘工厂是阿里巴巴旗下 1688 事业部新上线的一个链接淘宝卖家与工厂的平台，2013 年 10 月淘工厂开始试运营，同年 12 月正式上线。淘工厂通过聚合海量工厂，覆盖消费品行业类目，帮助电商卖家解决找工厂难、小单试单难、翻单备料难、新品开发难的问题。从满足电商柔性供应链开始，逐步向线下品牌渗透，向周边国家渗透，未来将覆盖整个供应链条。

淘工厂是阿里巴巴搭建的电商卖家与优质工厂的桥梁，旨在帮助工厂实现工厂电商化转型，打造贯通整个线上服装供应链的生态体系。连接电商卖家和工厂，将懂电商但不懂供应链的电商卖家和懂供应链但不懂电商的工厂撮合起来。具体来说，淘工厂主要通过五个方面来解决找工厂难、小单试单难、翻单备料难、新品开发难等电商的普遍问题。

一是邀请工厂入驻，将线下工厂数据化搬到线上，并对提供的工厂信息进行第三方验厂（工商注册、产能、擅长品类、擅长工艺、工人数、开发能力、生产线、设备、车间、版房、品管、协力工厂）。

二是让工厂将产能商品化，开放最近 30 天空闲档期。让电商卖家快速搜索到档期匹配的工厂。档期表示工厂接单意愿，如果工厂没有空闲档期，则搜索会默认过滤掉。

三是柔性化程度高的工厂将被优先推荐。如工厂能提供的最低起订量、打样周期、

生产周期、7 天内可供面料，电商卖家可以通过频道、搜索快速找到柔性化最适合的工厂。

四是"金融授信＋担保交易"解决交易难题。淘宝卖家支付货款使用阿里授信额度，大笔交易全款支付，不用再担心资金问题。工厂也不再担心买家会要单、跑路、欠款的问题，只要双方达成交易，买方确认收货后，工厂即可凭信用证收回全款。如果发生买家店铺倒闭，阿里金融承担损失，并向买家追偿。

五是交易规则保障。入驻淘工厂平台的工厂需要交纳一笔生产保障金，保障买家成品的质量和交期问题，如果发生交易纠纷，依据合同条款和平台规则，平台介入处理。

淘工厂的诞生源于电子商务的发展，当电商发展加快的时候，后端的供应链管理就暴露出很多问题来，阿里巴巴集团参谋长曾鸣曾经说："以互联网为商业基础设施、由消费者所驱动、能够实现大规模定制乃至个性化定制的 C2B（Consumer To Business）商业模式，在中国的服装、箱包、鞋子、家电、家居等诸多行业和企业中已经开始了快速发育。它的三大支撑，就是个性化营销、柔性化生产和社会化协作的供应链。柔性化生产的演进，是一场正发生在中国部分行业、部分企业车间里的一场静悄悄的生产革命。"随着中国企业创新的主要场域正在由前 10 年的"WTO＋外需"快速转向今天的"互联网＋内需"，这一新领域将有望孕育出真正有中国特色的生产方式、商业模式、组织模式。果真如此，这将是继美国福特制和日本丰田制之后，中国企业对全球商业文明所做出的巨大贡献。

通过互联网平台整合分散闲置的资源，通过分享获取更多的订单，是在国家发力供给侧结构性改革的背景下诞生的一种新经济模式。分享经济时代，过剩产能或者闲置商品不再是烫手山芋，而是一种更加廉价、便捷的原材料，它们虽然不直接生产商品，但能够通过资源的重新配置产生新产品，进而刺激新的消费需求，在改变生产方式的同时为经济发展输入新活力。淘工厂带着时代的特殊使命，携手工厂、电商卖家一起打造柔性化供应链，真正推动零售服务行业的革命！

四、产能众包分享模式：依托互联网实现供需信息的有效对接

20 世纪 90 年代，生产外包就开始流行。但由于信息沟通不畅，可供选择的生产商不多，也难以及时满足需求，更别说实现多样化、个性化的生产需求。到了互联网高速发展的今天，产能众包分享模式开始出现。它与外包最大的不同在于，依托互联网实现了供需信息的有效对接，由双方合作变为多方协作，在满足生产需求的同时，也降低了成本。

应该说，众包模式源起于 C2B，即消费者定制模式，但最早的定制不过是从消费者需求出发，向品牌商定制，但面临越来越个性化的窄众需求，在某个细分垂直领域

的创新越来越受到重视。由此，推出某一项创意或创新产品成为畅销商品，就需要从设计、生产、营销 3 个维度进行规划和设计，这也让 C2B、B2B、B2C 开始重塑整个供应链体系。

以苏宁为例，其众包方式是苏宁在采购方式上的一大创新，尽管不排除会对一些好的创意产品进行投资或帮助进行众筹，但苏宁强调更多的是对现有资源的整合，即发挥苏宁在大数据以及渠道、品牌上的优势，发挥其对消费者体验更多把握的特长，帮助创意产品一开始就遵循消费者的需求路线。

值得注意的是，在传统制造业构筑的供应链体系下，微笑曲线承载了价值的两端，设计创意要靠品牌价值才能实现，体验销售的价值依赖于渠道价值，制造本身是增值的洼地，这让代工为主导的中国制造业只能发挥成本优势，大型零售业的供应链采购也只面向品牌制造企业，这直接导致了过剩经济。过剩经济的特点往往是放大市场需求，在网络经济时代，无论是信息传播方式还是人际沟通方式都出现了巨大的变化，比如信息自传播、人际自组织、效应自放大成为互联网时代的规则，人们开始更认同长尾、窄众的产品，不是非要买奢侈品，而是希望通过自我选购的商品凸显自我的价值选择，自我的品质和品位。

正因如此，众包企业开始认识到主宰传统制造业的微笑曲线正在发生变化，苏宁副董事长孙为民就表示："微笑曲线将让位于由设计、生产、营销构筑的铁三角模式。"这就是说设计、生产、营销都将成为价值的创造方，成为支撑畅销商品三位一体的重要基础。事实上，大数据与互联网背景下催生的众包新理念，正催生出海量的自下而上的公共服务个性化需求与新型的公众参与，这也给共享经济注入了新的内涵。

下面我们回到产能众包分享这个议题上来。一般而言，根据需求方身份的不同，生产能力分享可分为业务协作与众包生产两种类型。业务协作指的是生产型企业将自己生产线中的某些业务众包出去，如产品配件、外包装、图形设计等。业务协作通常由生产型企业主导，协同生产以提高自身运作效率，节约时间和成本。众包生产指的是由产品的需求方提出产品要求，将产品的全部生产众包出去。这些需求方通常是直接的产品销售商，因此众包生产一般由销售型企业为主导，以实现个性化的订制为目的，同时实现创新生产、节约成本。这两种类型在具体操作模式上相差不大，不过业务协作模式增加了生产型企业与产品销售商对接的环节。

协作不仅涉及技术架构、解决方案或产品，而且是一种融合人员、流程和技术的体验，因此，在业务协作模式中需要注意的是，交易对象并不是一对一的，而是多对多的生态产业圈。需求方可能会下单给多家生产者分别生产不同的配件，而供应方在其生产能力范围内可能会同时接下多个订单。这就是分享经济模式下众包的特征，而不是与特定厂商合作的外包业务。

分享经济平台解决生产的供需方信息不对称的问题，让企业不再独立生产，而是以闲置生产能力的共享实现协作生产。生产能力的整合不仅降低了生产成本，提高了生产效率，也让按照客户需求的订制化服务变得更加容易。就产品需求方而言，信息的充分对接、工厂柔性化生产等减少了企业搜索成本、生产成本和管理成本，实现了个性化订制，降低风险。就产能供应方而言，档期的灵活安排能降低风险和接单成本，充分利用产能以提升收益，同时有利于推动生产创新，加快企业转型。

目前，我国生产能力领域的分享经济尚处于初级阶段，总体规模依然偏小，尚未出现有较大影响力的分享型平台。未来产能共享领域将有以下发展趋势：一是生产能力分享的重要性日益突出，成为分享经济的主力军。未来围绕着能源、基础设施、生产设备、综合生产能力等的分享模式应用将越来越普遍，对制造业的转型升级起到不可估量的作用。二是有望形成有影响力的一体化产能共享平台。未来随着智能制造的发展，企业信息化水平的提升，大规模一体化的生产能力共享平台将逐步形成。供需双方通过平台实现产品的订制、生产，最大化提高生产效率，节约生产资源，建立灵活的生产网络。三是越来越多的个人和小微企业将成为生产能力分享的参与者和受益者。

来看下面两个案例，一个是"一路展"展装平台，另一个是珠海飞企软件有限公司自主研发的"FE 业务协作平台"。

一路展是一家展装 O2O 平台，为会展业参展企业提供更低的价格、更高品质的展装服务，一路展（北京）信息科技股份有限公司旗下产品。一路展用众包、共享模式创造"互联网＋展览"的"新经济"模式。一路展运用众筹的手段、众包的模式将展装的设计和搭建环节分别众包给展览设计师和展览工厂，做展览设计师和工厂的共享平台。减少参展商过多的中间环节，提升展装行业效率，实现了设计师、展览工厂的价值最大化。

一路展展装服务交易平台作为"互联网＋展览"的"新经济"模式最重要的是对展装行业产业链、价值链的重构，通过互联网平台化的运营做到去中介化，砍掉展览装修诸多的中间环节。一方面是参展商更省钱，可以把展装成本降低 30%～50%，一路展平台让参展商用同样的价格获得材料工艺升级至不一样的现场效果，同样的材料工艺而不一样的价格体验。另一方面，通过平台化的运营提供现场的工程监理和项目全程跟踪服务，给参展商带来更好的服务体验。一路展展装 O2O 平台创造了崭新的互联网展览特装新体验，让展览装修变得更轻松。

FE 业务协作平台是以组织行为学管理思想为核心、以业务深度融合为基础的整体运营管理平台，让企事业单位各级管理者能及时掌握各纬度决策信息，支持企事业单位在快速发展的过程中顺利变革。协作的本质就是将企事业单位的各种资源（包括人、财、物、信息、流程）关联起来，使之能够为了完成共同的任务或目标而进行协调或运作，通过对有限资源的最大化开发利用，实现资源效益的最大化，消除企事业单位在协作的过程中产生的各种壁垒和障碍。FE业务协作平台涵盖了标准协同产品功能，同时具有强大的二次开发能力及融合能力；能快速响应客户需求。创新性的智慧应用，为企事业单位实现"出成果""出机制""出人才"三个产出。

FE业务协作平台的技术原理是，FE办公协作平台是基于业务应用模型驱动开发技术与工作流的协作技术，采用了面向业务部件技术，实现应用开发、运行、管理、维护的信息管理平台。这是应用软件层次上一个新的层次。一方面承接底层的J2EE技术，一方面以成熟可用能直接运行的业务部件的形式面向最终用户，同时给客户提供个性化需求的拓展能力。平台安装后，用户可以有选择地使用平台提供的业务部件来满足现有业务需求，也可以根据业务自身需求进行二次开发。

FE业务协作平台以工作流为中心，全面抽象管理业务要素，组合、关联各管理要素和经营资源，将信息和应用紧密集成，并实现业务之间的协作贯通和统一管理，它最终通过信息门户（Portal）的方式进行展现。

FE业务协作平台是构建企业或企业管理信息系统的基石。协作系统为信息系统的规划、设计、构建、集成、运行、维护和管理提供了强大、统一的公用基础平台；企业或企业的各类业务系统，都直接构架或连接到这个统一的协作平台上，通过协作平台将分散的企业业务系统整合起来，形成一个有机的、紧密联系的整体，从而获得协作和整体的效益。

业务基础平台提供了统一的组织机构、分工权限、业务功能引擎、工作流引擎、表单引擎、消息引擎和数据安全引擎等基础环境支持，实现信息系统在业务层面的整体集成，使信息系统的能力得到根本的提升。业务基础架构平台的两个基本要素是业务建模工具和支撑环境。业务建模工具基于业务和管理的层面，以业务建模为基本手段，来构架、开发和维护业务应用系统，从根本上提升了管理软件的开发、发布和维护效率。在信息系统建设中，真正实现了用户主导、快速开发、灵活调整的持续完善。支撑环境基于业务和管理的层面，而非技术层面，为信息系统提供基础支撑和集成环境。

第七节　共享跨界

随着互联网经济的深入发展，各类资源被重新整合分配，打通行业之间的壁垒，模糊线上与线下的界限，实现跨界重组，是不可逆转的发展方向。无论是个人发展还是企业进步，不断打破与重构，在共享中实现共生、共荣、共赢，是发展所必经的过程，这方面的代表案例有VR跨界、影视演员参赛《跨界歌王》、乐视跨界营销、海尔打造"互联网＋"跨界生态圈、TCL集团携手腾讯打造互联网生态圈等。

一、"战略 + 人才 + 平台"，打造互联网生态圈

互联网生态圈就是用互联网来完善企业的生态。事实上，企业内所有跟互联网有关的元素都属于互联网生态圈，具体包括企业 PC 互联网网站、手机智能网站、移动 App、微信平台、OA 办公系统、终端智能交互机、后台大数据以及在线互联网培训。这些模块构成了一个完整的、良性的、有效的企业互联网生态圈。那么，企业打造互联网生态圈需要从哪些方面着手？这里给出三个重点项：战略、人才和平台。如图 3-2 所示。

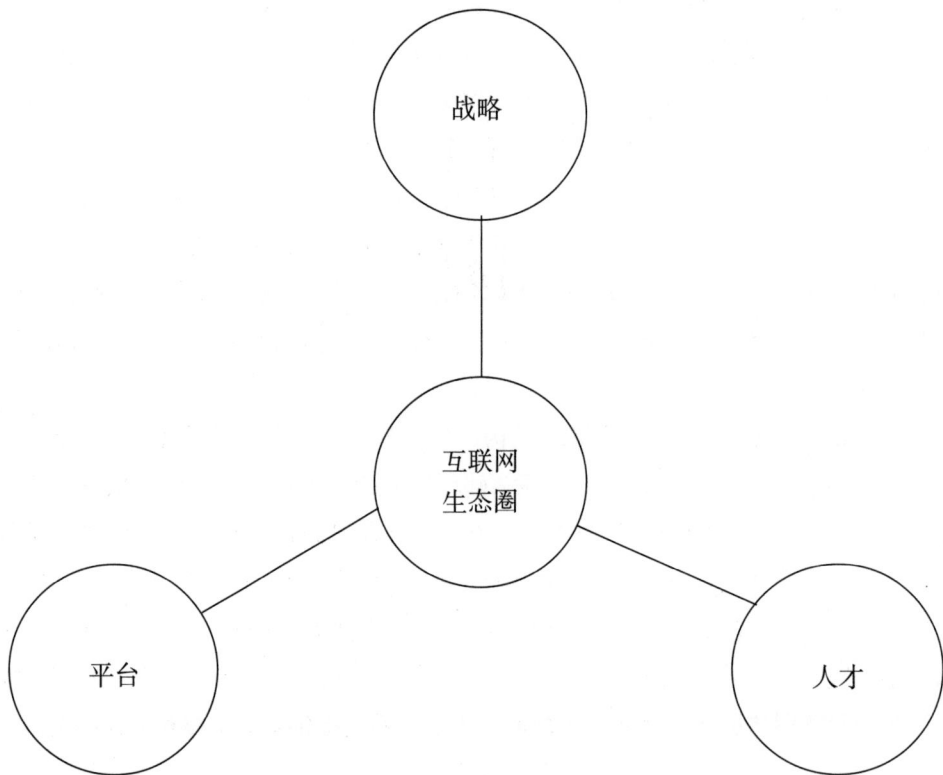

图 3-2　互联网生态圈三个重点项

企业打造互联网生态圈，需要选择适合自己的战略。企业要明白为什么要建立互联网生态圈，要结合企业实际情况，制定适合自己的战略，将互联网与企业的某个环节结合起来，实现线上线下的联系，改造旧的模式，实现创新发展。

在互联网生态战略的布局下，未来考验的不是企业单打独斗的能力，而是与整个生态的协同能力，尤其是在传统行业。比如，制造业的核心是打造灵活稳定、富有弹性的供应链，供应链不出问题企业就可以正常地生产产品；零售业需要重视销售渠道，越强有力的销售渠道，销量越能得到保障；金融业则是依靠稳定的资金链运转来实现

滚雪球式的发展。

明月 H5 平台是国内首家"一站式"HTML5 网站建设及应用服务商，除首次实现"PC+ 手机 + 微信"三站合一的建站体系外，其精髓还在于将新闻内容营销、搜索引擎营销、微信营销等多维度网络营销解决方案与建站技术融合，避免了企业反复建站、反复维护、反复耗费资金做网络推广的诟病，实现了"一站式"快速建站、网站快速抢占流量。明月 H5 平台为企业提供精准内容营销，面向目标消费群体深度挖掘品牌与产品信息内容，提供适合他们阅读和分享的内容，分别从行业、市场、竞争、产品特色、趋势等多个切入点撰写新闻内容，把品牌、产品与服务的优势卖点完整地阐述出来，培育潜在用户对于企业和产品的认知。明月 H5 平台带给企业互联网营销一个良好的开端，为其奠定了坚实的基础，时刻把握最新时代脉搏，帮助企业开启移动互联网的蓝海，全面架起企业与用户沟通的桥梁！

企业打造互联网生态圈，发挥人才的作用不容忽视。互联网生态的培养，人才是最重要的，有经验的互联网人才能有效利用互联网元素，打造良性互联网生态圈。科技触动精彩，知识改变人生，在企业向互联网化转型大趋势的今天，人才的作用是重中之重。在这方面，理才网的经验值得借鉴。

理才网从一开始就深知企业人力资源管理之痛，核心团队十多年来一直坚持在走"HR 信息化 +HR 专业化"的路子，从业务研究层、产品研发层、业务互联层三个层面确保所提供的产品及解决方案能够切实满足企业日益灵活化的人力资源管理需要，如圈子式组织管理、问答式的岗位价值评估、绩效基准映射、多点移动考勤、碎片化的指尖流程、海量智库的植入等等。理才网从一开始就从管理入手，夯实基础，搭建人力资源管理体系框架，并为全环节的导入导出、第三方嵌入设置灵活接口，其延展性不言而喻，刷新 SAAS 领域百万用户时间记录的事实也让众多同行信心倍增。目前理才网已与多家同行在此方面进行系统平台融合，同时也与昊基、智阳形成战略联盟，将人力资源服务领域从企业内延伸到企业外，从线上扩展到线下，真正推动 O2O 模式在人力资源管理领域的落地。理才网团队在多年的管理、经营实务中已挖掘出了这么一套源代码，且已据此在理才网平台中提供了搭建框架，只要联合行业翘楚进行业务层面的内容输入，就能快速地进行跨界融合，推出切合行业业务特点的垂直应用。该模式已在中周猎犬舆情管理系统中得到有力的印证，该舆情系统现在已很好地服务于政府、上市公司、名人的品牌形象管理。在当今生态圈遍地开花的年代，跨界生态颇有挑战也极具价值，理才网正前进在完成人才互联使命的路上。

企业打造互联网生态网，平台建设必不可少。互联网生态圈有微站也就是微信公众平台的建设，企业如何建设公众平台，微站怎样接入互联网生态圈，都是企业必须解决的事情。

鸭梨科技采用统一的后台将微站接入实现统一管理，配合企业 PC 站、手机站、

App、企业 OA 等构成企业的互联网生态基础，企业通过对平台的合理规划及管理利用，发挥互联网平台的作用，拓宽企业的发展渠道。鸭梨科技的互联网生态圈能够一站式解决企业所有的互联网问题，可以减少企业大部分的沟通成本和时间成本。通过整体的解决方案，去帮助我国的中小企业实现转型升级，进行产业结构的调整。

至于互联网生态圈建设的方向，工业和信息化部副部长陈肇雄曾经在 2015 年 12 月提出，企业要依托互联网建设三个生态圈：一是打造开放包容、共享发展的互联网服务生态圈。陈肇雄表示，开放发展是产业发展的必由之路，共享发展是实现创新成果惠及经济社会的集中体现，要充分发挥互联网信息服务的规模优势和应用优势，着力构建开放包容、众创众享的创业创新服务平台，完善面向全球的互联网服务生态体系，促进全球创新要素有序流动，市场深度融合，助力经济繁荣发展。二是打造信息安全、协调发展的互联网生态圈。信息安全是产业发展的内在基础，协调发展是产业壮大的外部要求，要加快建设高速、移动、安全的新一代信息基础设施，推进"一带一路"国际信息大通道建设，促进基础设施互联互通，支持国际下一代互联网卫星导航应用升级技术的研发和产业化，加强技术、市场、资本、人才的交流合作，共同打造现代互联网产业生态圈。三是打造创新引领、绿色发展的互联网融合生态圈。陈肇雄提到，创新驱动是产业发展的主导力量，绿色低碳是引导未来的关键举措，要深入实施"互联网+"行动，推动互联网与制造、农业、能源等领域深度融合，促进资源高效利用，推进分享经济向上向下互动的新模式在公共服务领域的创新，促进公共资源均衡配置。

企业需要依托互联网建设的三个生态圈，确定适合自己的正确战略，充分发挥人才优势，积极构建企业网络平台，以此建立起自己的互联网生态圈，从而实现真正的互联网化，在互联网时代去解决今天企业面临的各种问题。

二、VR 跨界，场景体验让人"嗨"起来

随着 VR 应用从一门技术通过跨界应用到各行各业中，现在的 VR 不仅仅能够打破时间束缚，也能打破空间束缚，能够让人类跟未来还没有发生的场景对话，VR 所带来的技术变革已经让不少体验到的人率先"嗨"起来！

来看下面几个例子。

一是 VR 看综艺 c 综艺节目对于不少人来说可谓是天天必不可少的娱乐项目，但是你有没有想过在家里也能通过 VR 来看综艺节目呢？优酷直播利用 VR 全景技术直击互联网大型纪实类真人秀《我是谁》收官发布会，360 度全方位真实还原现场，观众可以在直播页面上随意拖拽鼠标，同步发现发布会现场任何角落的动态。优酷 VR 直播将为广大网友提供更具互动性的时尚深度体验。

二是VR看家居。作为VR大军中来势凶猛的技术派军团，网龙推出的网龙"VR+家居"应用，用户只要戴上VR头显，便可以提前"入住"未来的专属生活空间。不仅可以沉浸于VR的体验，网龙推出的"99家居"还融合了房地产开发商、装修设计公司、家居卖场、家居生产企业等多方资源，是全国首个"互联网＋泛家居"行业应用营销云平台，并拥有PC、无线、网页等多个终端的版本。从选房到设计、装修，再到家具布置、验收，该平台可为用户提供一站式的家居解决方案，提供电商平台的售卖功能，以极具人性化的方式帮助用户打造专属于自己的家居风格，帮助客户拥有随时随地乐享家装的体验。

三是VR看房。对于不少买房族而言，看房可谓是一件苦差事。国内第一VR看房平台"无忧我房"发布的第二代VR样板间产品VR3.0产品，不仅能做室内房间，也可以做室外大场景，是全国房地产行业VR领域中唯一一家可以实现室外大场景的公司。同时，还将动态实时渲染及流体动力效果用到VR中，加强体验的真实性，影子变化、光线变化、风吹树动、水流波动与真实无异。除了场景的真实感，"无忧我房"还在样板间中做了交互设置，在虚拟的场景中，通过控制棒即可实现控制整个智能家居系统，开窗、开门、拿起水杯，与场景随心互动。

对于现在大火的VR，有分析人士指出，当前VR有三大问题：一是缺少好的内容，缺少视频游戏和商业级的应用；二是缺乏采集设备，导致无法快速产生视频内容；三是VR输入设备匮乏，还需要通过手势、行走、语音等依靠人的身体各个部分去输入。未来很有可能在手势和行走上有技术突破。分析人士认为，这三个问题可能会在两年之内得到很好的解决。VR技术本身从最基本的交互方式层面，从自然的交互方式做起，因此VR内部的开发者需要对软硬件有更深入的了解。软件方面涉及更多的是开发引擎，开发引擎除了内容本身的开发之外，还需要对硬件的兼容性有更多了解；硬件方面，需要在内容应用的时候挑选合适的硬件技术。

VR最大的意义就是解决我们现实中无法完成的事情，应用到企业，能为企业带来更多的效益，节省更多的成本。我们可以把它理解成另外一个地方，另外一些人，或者想成另外一个城市，或者另外一个世界，总之我们的世界是什么样，VR世界会跟我们一样，甚至更好。

VR，一个不一样的虚拟世界！

三、影视演员参赛《跨界歌王》："装得很像"

某卫视节目2016重磅推出的首档大型明星跨界音乐节目《跨界歌王》华丽上线。大气磅礴的灯光舞美、做工精致的道具、专业精湛的演出，为盛夏吹来一阵"跨界"清风。《跨界歌王》吸引了众多当红实力演员加入跨界音乐秀中。在已播出的两期节目里，一位女演员的高"颜值"和高水准演唱给观众带来了惊喜。评委老师们也给予了她高度评价："可以向音乐行业的女歌手宣布，超高人气、超高'颜值'的你来了；在这个舞台上，你就是你，你做到了。"

"我音准还可以，节奏还可以，基础还可以，情感还可以。"凭着四大可以的自信第一期节目就选择了一位著名女歌手的3首歌曲串烧作为自己的首秀。本就和这位女歌手声线相当的她，并不是一味地去模仿经典，而是在演绎前辈佳作的基础上，更多表达了自己的情感与理解，在极富有感染力的歌声背后，能感受到她对音乐的精准把控，和女人对情感细致的描绘，随着节奏的不停反转，她甜美轻柔的歌喉也仿佛给了观众熨帖般的抚慰。评委老师们也给予了高度的评价。

在《跨界歌王》第3期，她突破极限，挑战了超高难度的《领悟》并豪言称"够难才选"，霸气强悍的气场显露无遗。置身于一片安静祥和的蓝色星空下，背景是一片高楼林立的城市，她安静地坐在一栋小屋的楼梯上，仿佛在低声讲述着一段淡淡忧伤的故事。身着亮片上衣与黑色简约长裤，搭配浪漫的微卷发，轻熟时尚的形象楚楚动人。色彩斑斓的霓虹灯与她静谧温柔的形象形成了鲜明的对比。

除了简约干练的"OL风"，她还流露出撩人的"眼神杀"和"情感杀"，深邃的双眸和浓情的演唱使观众对她的表现竖起了大拇指。她时而低头吟唱，时而甜美微笑，深沉温厚的嗓音与饱含情感的眼神交相呼应，观众无不为之动容。在回环往复的旋律和宛转悠扬的歌声里，她优雅地漫步在夜空下，向观众诉说着一段刻骨铭心的情感故事。

《领悟》虽然讲述的是爱情的痛彻心扉，她却不满足于表现单一的情感，她称："人生的每一个部分都要认真经营才能美好。"由爱得撕心裂肺到领悟放手，她所呈现的音乐解读更像是一种正能量的传递——跨越挫折，积极地面对人生。将歌曲赋予了新的灵魂与生命，"女神"唱出了属于自己的柔情，评委称赞道："这首歌很难驾驭，我觉得你做得很好。"正能量爆棚的她借歌声传递人生态度的方式获得了一致好评，有网友留言称"好样的""真正的实力派"。

几期节目下来，她体会到了作为一名演员的不容易。对于娱乐圈里的人来说，不管是从事哪一个领域，或演员或歌手，都要对其他的领域或多或少地有一些基础。就节目组请到的十几位"跨界歌手"来说，确实给观众带来了不小的惊喜。在跨到歌手的这个领域来说，他们都没有让观众失望。

这位女演员在工作中，是在理性与感性互相抗衡中精准把握角色内涵的"百变女王"；在生活中，是处事干练沉稳、为人大方稳重的邻家姐姐。在参赛《跨界歌王》漫长的跨界之旅中，从一首歌到一首歌，她保留了内心那份强有力的拼劲儿，增添了选择机遇的睿智和承担一切的释然。一段跨界旅程，就算她不是名义上的"跨界歌王"，也早已经成为观众心目中的"歌王"；而这样的她，更让人喜欢。

四、乐视跨界营销，引领行业变革

在这个传统媒体衰微、社交化媒体横行的时代，实施跨界营销，成为乐视超级电视成功的秘诀。已积攒大量正版版权的乐视网，近年来并未放松在影视剧资源内容上的补充，同时，对影视剧内容方面的营销更是不断发力。除利用微博、微信等新媒体不断涉足跨界营销外，乐视网对 IP 成功转化也已驾轻就熟。

《小时代》电影发行方乐视影业与乐视 TV 是兄弟公司，双方在一开始就结成战略同盟。乐视 TV 不仅在《小时代》放映的影厅植入贴片广告，还与《小时代》联合搞起"看《小时代2》，超级电视买单"的跨界营销活动。

一方面，乐视超级电视获得《小时代》546 个影城、超过 6 万场的贴片广告，又强势拿下《小时代2》影院贴片，在其各项推广一线也积极植入了影片元素。另一方面，《小时代2》上映第二天，"看《小时代2》，超级电视买单"活动启动。2015 年 8 月 18 日前，只要拍下两张以上《小时代2》电影票票根并晒到微博上，同时"乐视 TV"和"电影小时代"，就可以获得乐视商城的 100 元代金券，用于购买包括超级电视、乐视盒子以及所有配件在内的全线产品。该活动通过乐视网 PC 端、移动端和乐视 TV、乐视影业等兄弟公司的媒体平台，以及微博、论坛等社会化营销工具在线上全面铺开，而全国 500 家影院一线阵地，也将对本次活动进行广泛的宣传。

《小时代》系列电影与乐视超级电视的彼此借力是一种跨界营销，无论对《小时代2》还是对乐视，都是一个彼此导流的过程，两个同样火爆的品牌捆绑在一起，产生了巨大的市场反应。

除了《小时代》系列电影，乐视还连续 4 次赞助了《我是歌手》，乐视的超级电视频繁地出现在演播厅、休息室、走廊和投票区，不得不感叹乐视的财力雄厚和营销手段的高明！"世界往东，我们往西"，这是乐视公司的口号，诠释了乐视创新颠覆的企业精神。作为一家互联网公司，乐视超级电视投资赞助《我是歌手》节目，"娱乐＋音乐＋互联网＋超级电视"所产生的化学效应是总销售额竟然达到了 23.8 亿元，而超级电视作为乐视的重磅产品，也是成绩喜人，达到了史无前例的 54.9 万台。

《古剑奇谭》作为国内首部进行"水木剧"周播模式的古装剧，在收视率、网络播放量、话题热度等方面全面称霸暑期电视剧档，在该剧尚未播完的情况下，全网播放总量已高达 74 亿，打破享誉内外的《甄嬛传》创下的 52 亿纪录，也被称作"2014 年的古装神剧"。其中乐视网以总播放量高达 11 亿排名第一，领先于第二名 50% 以上，成为自乐视与湖南卫视成功打造综艺节目《我是歌手》后，又一次联手对电视剧行业模式的变革。

在逆向造星时代全面来临之际，乐视在该剧播出前期，便将该剧定义为了"粉丝效应剧目"，邀请剧中话题讨论热度最高的明星来参与乐视自制节目《亿星 CLUB》的录制，通过线下部分"粉丝"与偶像"零距离"接触，线上节目挖掘偶像的另一面，满足全球网络"粉丝"的追星诉求。其实在《古剑奇谭》之前，乐视就已有将《小时代》《老男孩之猛龙过江》《熊出没之夺宝奇兵》等电影经典 IP 转化成功案例；而作为《古剑奇谭》的网络播放及营销平台，乐视在这次成功 IP 转化中起到极其重要的作用。

2014 年是中国影视产业"网生代"元年。乐视影业 CEO 张昭曾表示："在'网生代'生态下，无论什么形式的 IP，只有将在不同平台上拥有的热度转换为线下的票房，才是未来互联网时代电影产业的关键竞争力所在。"

值得一提的是，乐视的生态就是由垂直整合的闭环生态链和横向扩展的开放生态圈共同构成的完整生态系统，通过"平台＋内容＋应用＋终端"垂直整合闭环生态链和横向扩展开放生态圈。纵向的闭环生态链的每个环节通过生态开放，引入能够与生态强相关的外部资源。乐视已形成互联网（平台＋应用）、内容、智能终端、汽车、体育五大生态圈，通过强烈的生态化学反应，不断创造全新的产品体验和更高的用户价值。乐视生态的全产业链布局"平台＋内容＋应用＋终端"，正是基于视频产业和智能终端领域的生态系统，为用户提供垂直整合的完整价值链。从某种意义上而言，这正是新时代影视产业生态的开拓者。

五、海尔：打造"互联网＋"跨界生态圈

随着"中国制造 2025"国家战略的提出，"中国制造"开始与"互联网＋"深度融合。在这纷杂的市场中，如何利用互联网的边际优势的红利，实现用户体验跨越式增长，成为越来越多中国制造努力的新方向。在海尔看来，中国制造"互联网＋"，需要企业转型为"三化"——企业平台化、用户个性化和员工创客化。

海尔率先主动打破企业墙，全球范围招募创客，吸引生态圈合作伙伴。集团内外至少招募 3 万名创客，到海尔的微店平台创业，成为这家全球最大白色家电公司的渠道合作伙伴。为了让海尔创客们起点更完善，海尔将为加入海尔微商大家族的成员们提供一键开店的便利、海尔微店资格认定、比线下更有竞争力的海尔产品价以及每笔销售成功至少按 2% 的比例提取引流费。创客充分利用互联网，弥合不对称的产业间信息沟壑，深度拥抱用户。同时，重新认知个性化用户的重要性，在新的生态圈模型中，用户作为独立的形态崛起，与企业、商业伙伴一样成为战略合作伙伴，成为企业的利益攸关方。

在这个基础之上，海尔提出了打造智能家居生态圈场景商务模式的方案，海尔相关负责人表示："海尔转型的目标，就是'互联互通新生态，共创共赢新平台'，怎么联、怎么通，关键就是要与用户交互。通过网器与用户相连接，然后通过'U＋'智慧生活

平台实现互联互通，来连接企业，连接到企业的各个部门，连接到供应商以及各种各样的相关方，最终实现用户智慧生活场景的打造"。

"海尔 U+"智慧生活平台构建下的洗护、用水、空气、美食、健康、安全、娱乐七大智慧生态圈及每个生态圈里的多个网器新品，意味着海尔智慧生活战略由此全面落地。具体来看，空气生态圈是与手机、微信、天气、医生等合作完善空调的云平台服务；美食生态圈是提供美食、健康、冷链等服务和交互式体验；洗护生态圈是整合衣物、洗护用品等建立专业数据库为用户提供整套解决方案。

为了构建差异化智能硬件入口，体现出"互联网＋中国制造"的竞争优势，海尔生态中的"小微"们，整合全球资源和用户交互。海尔小焙作为美食生活方式的倡导者，通过整合全球的工程塑料、碳素纤维、保温技术、温场算法和图像识别的资源，与用户一起进行"筛选——匹配——优化"的创造过程，诞生了满足中国用户的独特产品——海尔嫩烤箱和烤圈服务平台。海尔小焙不仅仅创新了被用户认可的"嫩烤"口感，还通过烤圈 App 和各种交互渠道，充分满足用户分享和互动的动机。在互联网的世界里，海尔嫩烤箱为用户打造了一个永不停歇的生态服务系统。

在海尔小焙的商业模式中，重点打造集硬件、菜谱、食材于一体的烤圈 App。在烤圈服务平台之上，烘焙爱好者会不断地创造出"嫩烤"特色菜谱，并且挖掘了炸脆响猪排、煮韩式泡面、制作家庭面膜等新玩法。除此之外，基于社群模式打造的烤圈，还可以为用户提供一个自我展示的平台。比如用户在做出美味的食物后，亦能拍照分享到烤圈 App 之上与其他的烤圈用户互动。另外，在此平台之上，海尔小焙也会不时地举办一些大型的活动，烤圈用户不仅可以面对面地交流，得到国内外著名大师的指导。如此一来，烤圈便成为移动端的控制中心和用户交流中心，不仅可以深度了解用户的需求、培养新人的兴趣、减少烘焙失败率，还可以用社群的机制来鼓励用户分享作品和经验。利用海尔嫩烤箱搭建的开放性平台，还实现了用户与众多优质资源的伙伴直接合作，为用户提供从食材、烘焙菜谱，到在线购物、娱乐交友等功能。海尔小焙，以嫩烤箱为切入点，成功地将新的生活方式引入互联网，不仅连接了各种食材和服务提供方，而且围绕着满足用户个性化需求来展开线下线上相关服务。真正做到了用户需要什么、平台就提供什么的智慧美食生态圈，搭建了一个多方共赢的场景商务模式。

"车小微"工程也是海尔开放平台见微知著的一个墨点。"车小微"是指每一辆配送车都将是一个小微公司，符合条件的单位和个人，诸如家电服务点、经销商、物流公司等都可以加盟，订单、运营系统、派工系统、结算系统由海尔提供。把车变成小微公司，车主自己创造价值、维护价值，海尔动态调整调度这个团队。"车小微"即为创客公司，海尔则是一个创业平台。这同时也是海尔的一个车联网概念。

在"互联网＋"的时代，用户对于品牌的认知，不再是一个标识，而是品牌每天带来的内容的迷恋。内容创造价值，内容创造黏性，内容同样可以打造品牌信任。通过用户自创造、用户自传播以及用户自运营，通过各自论坛、社群、订阅号和视频内容的发布，越来越多的用户可以接触到海尔小焙生态小微的服务魅力，并逐步影响到人们未来的生活。

在海尔打造的"互联网+"的生态圈平台上，逐步将相关场景商务模式聚合起来，以用户为核心，整合生态圈资源，打造差异化用户服务、交互和创造平台，互联网时代的中国制造将会爆发出强大的生命力。

六、TCL 集团：携手腾讯打造互联网生态圈

TCL 集团在 2015 年 4 月 8 日举行的 2015 年春季新品发布会上正式宣布与腾讯、未来电视达成战略合作，将整合三方优势资源，形成基于互联网电视的播控平台，打造最强的互联网内容生态圈。据 TCL 集团高层管理者介绍，TCL 集团与腾讯、未来电视达成平台、内容、牌照三方资源强势整合的战略级合作，将 TCL 的硬件设计能力、腾讯的海量优质视频资源、未来电视的国家级互联网电视新媒体运营能力三者融合，为用户提供良好的产品和服务。

为了迎合市场的需求，TCL 与韩国 Apollo 旗下的 K 频道建立合作，或许你对 K 频道并不熟悉，不过只要说 K 频道拥有韩国 KBS、SBS、MBC 三大电视台的优先选择权，这样的合作就足够重磅了。此次合作除了韩国一线影视内容外，还包括电商的引入，在尽情观看一线的韩国综艺、影视节目的同时，甚至可以通过韩国直邮的方式直接购买韩剧里的明星同款。

除此之外，腾讯游戏资源无疑成为双方合作掘金的另一个焦点。未来，TCL 将与腾讯游戏展开深度合作，全力布局"TV+ 生态圈"中的游戏领域。现场参加 TCL 新品发布会的腾讯游戏副总裁吕鹏甚至表示，目前腾讯正在推进游戏的全终端布局，腾讯会秉承精品游戏策略，联手 TCL 打造极致体验的电视游戏新时代。接下来腾讯与 TCL 的电视游戏合作中，将通过精品大作持续精耕细分市场，逐步探索泛娱乐业务共生，以此打造强大的家庭娱乐生态圈。

在游戏方面，TCL 仍将继续与 GAMELOFT 合作大型游戏，与 ATET 合作亲子游戏，以搭建完成从游戏内容、游戏平台、游戏产品到用户的 TCL 游戏生态圈闭环。从规划来看，TCL 与众多合作伙伴强强联手全方位布局，有望开创极致体验的电视游戏新时代。

对于 TCL 集团围绕互联网应用与服务板块的运营目标，TCL 集团董事长李东生在发布会现场非常明确地表示，将通过软硬件一体化优势和"TV+UI"的运营平台，使得潜在有 ARPU 值贡献的家庭用户总数实现千万级增长，其中家庭用户总数将超过 2500 万人，移动用户总数超过 2000 万人，来自智能电视和移动智能终端的服务业务

收入超过 1 亿元，TCL 集团服务业务的收入增长高于整体收入增长，占比超过 20%。这一目标也足以显示出 TCL 集团对于未来服务端业务增长的信心。

在此次发布会上，TCL 集团展示了"双 +"转型战略一周年的产品创新成果。TCL 集团董事长李东生认为，TCL 必须在工业制造能力的基础上打造核心竞争能力，通过"双 +"转型战略和国际化形成双轮驱动，建立差异化优势，从而促使 TCL 逐步建立起多种基于互联网的业务能力，搭建"智能 + 互联网"生态圈。

2014 年 2 月，TCL 集团正式推出了全面战略转型——"智能 + 互联网"与"产品 + 服务"的"双 +"战略。"双 +"战略的核心内涵是，施行"抢夺人口与经营用户""建立'产品 + 服务'的新商业模式""以 O2O 公司重构线上线下业务作为互联网化的先锋"的转型举措，在未来五年内实现市值超过千亿元，达到 1 亿家庭用户和 1 亿移动用户，来自产品与服务的利润贡献各占 50%。基于"双 +"转型战略，TCL 集团不断针对原有业务和新兴业务进行互联网生态的发展建设。2014 年，TCL 多媒体构建了"TV+"的产品阵营，陆续布局了视频、游戏、生活等内容生态圈。

在此次发布会上，TCL 集团还推出了曲面量子点电视 H8800、创新真彩系列模块电视 E6800、全新人性化设计智能手机 IDOL3 以及智能手表等多款智能新品，同时还发布了特色互联网产品"幸福医生"App、"科天视频云服务"等互联网服务产品。TCL 集团副总裁、TCL 多媒体 CEO 郝义对《证券时报》记者表示，公司目前已经完成量子点技术应用到曲面电视上的突破。未来，公司将进一步优化该领先技术的成本结构，争取将量子点技术全面拓展到其他显示领域。

2016 年 4 月 7 日，TCL 在深圳正式向全球发布其代表世界前沿科技的高端电视品类 QUHDTV 量子点电视，并宣布正式向全球推出 QUHDTV 阵营系列新品，其中包括被视为全球电视产业又一珠峰的 X 系列和世界级科技巨作 C 系列。当前，全球科技领域对量子点显示技术的研究基本处于同一水平，而中国在量子点光电致发光技术上处于全球领先位置。QUHDTV 的推出是 TCL 在量子点技术上承前启后的重大成果，不仅实现了量子点技术的重大突破，而且实现了量子点民用化、商用化和市场化落地，加速人类印刷显示时代的到来。

第四章　共享经济思维创业创造价值的战略形态

通过研究共享经济在几大领域的表现，我们可以看到，即便在同一个行业，共享经济的商业行为也可能有不同形式的体现，譬如在交通出行领域，同样是分享自己的车辆，Uber 和 Lyft 等公司的形式是将自己的车辆以搭乘或者拼车的服务形式提供，而 Relay Rides 和 Getaround 等公司则是将自己的车辆以实物租赁的方式提供。它们为用户创造的价值也是不一样的，前者为用户提供了传统出租车的替代服务，后者则使得用户不需要购置汽车也能长时间随心所欲地出行。

如果我们以自上而下的视角进行提纲挈领，那么共享经济究竟有几种战略形态？它们又是如何为参与其中的用户创造价值的呢？

第一节　协同消费

在咨询顾问及作家雷切尔·博茨曼与风险投资家路·罗杰斯合著的《我的就是你的》一书中，两位作者较为系统地阐述了共享经济的产生与发展，并将其称之为协同消费，分为以下三种形态。

一、商品服务系统（Product Service System）

企业或私人所拥有的商品，转换成服务的形式提供给他人。用户只在需要的时候才去使用，并按使用进行付费。

二、再分配市场（Redistribution Markets）

闲置或盈余的产品可以进入市场进行再分配与再循环。进行再分配的可以是同类型的产品，也可以是互为替代型的产品，还可以是具有可类比价值的产品。

三、协作型生活方式（Collaborative Lifestyle）

人们基于共同的理念与相投的兴趣，在生活方式的各个领域中互相帮助、互相分享。如在饮食、服装、旅游等方面。通过其中的种种协作，创建更紧密的社会关系，更好地实现自我成就感。

但是，我们也能够看到，随着共享经济的迅猛发展，其范畴已经远远超出了消费领域，早已渗入我们日常生活与工作的方方面面（包括金融、教育、创造等领域）。因此，我们提出了一种新的方法，对共享经济的战略形态进行了重新界定与划分，如图4-1所示。

	有形的资源	无形的资源
以商品的形式	① 交换 出租	④ 设计 创造
以服务的形式	② 使用 订购	③ 交付 解决问题

图4-1　共享经济的四种战略形态

图4-1所示的这个矩阵，其两个维度分别代表共享资源的类型以及共享的方式。这样，我们可以得到共享经济的四种战略形态。

（1）将有形的资源，以商品的形式进行交换或出租，即物物交易的形态。

（2）将有形的资源，以服务的形式提供使用或订购，即商品即服务的形态。

（3）将无形的资源，以服务的形式实现交付或解决问题，即众包（众筹）服务的形态。

（4）将无形的资源，以商品的形式被设计与创造，即人人众创的形态。

第二节　物尽其效，资源再利用

《晋书·食货志》记载："百姓以谷帛为市。"由此可见，很早以前人们就有以物易物的传统。那个时候的以物易物是因为资源匮乏，需要用我能拥有的商品来换取我无法获取但是别人拥有的商品；或者当时货币尚没有流通，只能用物品来替代货币作为流通的介质。

但是到了21世纪，物质已经极大丰富。例如在2000年时，全球手机渗透率只有2%，而现在智能手机渗透率已经超过了 60%，在很多国家人均手机拥有量已经不止一部，且平均 2~3 年就会更新换代。社会存在大量闲置或盈余商品的同时，是恣意的生产和消费，以及导致的环境恶劣与资源枯竭。于是，出现了 eBay 网站，人们可以在其平台上出售多余的商品，并进而发展为 C2C 的商业行为；出现了 Craigslist 网站，人们可以刊登广告，出售自己不再使用的汽车与家具；出现了 FreeCycle 网站，告诉人们"永远没有没用的东西，它们只是出现在了错误的地方"，人们在 FreeCycle 网站上组织了超过 5000 个本地生活共享圈，大家可以很方便地与方圆 10 英里（1 英里 =1609.344 米）内的人进行物品交换。这些，都是共享经济的早期表现。

毫无疑问，这种以物易物的模式具有以下好处。

（1）节约开支。人们可以充分利用闲置的商品来获取自己需要的物品，从而节约了大量开支。根据耶鲁大学经济学教授丽萨·卡恩（Lisa Kahn）的研究，毕业时赶上经济衰退的那些人，在事业开始后的 15~20 年中，平均收入要比正常情况下毕业的人少 10%。在目前全球经济不景气的情况下，商品交换共享模式对很大一部分用户群体有着不错的吸引力。

（2）促进环境保护。生态学家保罗·豪肯（Paul Hawken）曾估算，平均每制造 1 千克商品，就会生产出 32 千克的废弃物。这些副产品极大地浪费了资源并会污染环境。正是出于对环境保护的担忧，催生了如 FreeCycle 网站等针对已使用过商品的再循环服务。如今在 FreeCycje 网站上每天有超过 24 000 件商品在流通，越来越多的人用这种方式身体力行地保护环境。

（3）降低交易成本。传统的二手商品交易会通过中间商进行。利用互联网技术构建的在线集市（Marketplace）能最大限度地减少信息的搜寻成本，并降低中间环节的代理成本。因此，总体上客观地降低了交易成本。

不过，上面提到的 eBay、Craigslist、FreeCycle 等网站的例子大多只是解决了"我给你甲，你给我乙"，或者"我有剩余的商品，我可以卖掉它"等点对点交换的问题。但是如何实现更大规模、更大范围内灵活的商品交换呢？例如，"我有剩余的商品，我想知道全世界有多少人想要这些商品；我还想知道全世界有多少我想要的商品，我可以用我的剩余商品去进行交换"，随着社交网络理论与计算机网络技术的发展，这一切成为可能。

比如 SwapTree 网站，通过实践六度理论促进闲置商品的循环流动。

格雷格·博塞尔（GregBocsel）与马克·海克赛默（Mark Hexamer）两人是游戏迷，他们发现有大量的游戏光碟在通关后便会被闲置；此外，很多 CD 和 DVD 产品也在听完或看完后被束之高阁。"那为什么不能和别人进行交换呢？"

于是他们决定自己建立一个网站，专门用于闲置游戏和视听产品的交换。2007 年，SwapTree 网站成立，用户以会员形式加入，在系统内维护自己的"待交易商品清单"

（Have List）和"需要商品清单"（VVant List），并注明待交易商品可以用来交换的商品，系统会根据商品信息进行自动匹配，用户不需要去手工搜寻。一旦匹配成功，用户只需在匹配成功列表中选择愿意交易的对象，然后支付邮费寄出商品便可进行交换。

SwapTree 网站充分利用了六度理论的机制，可以帮助用户在大范围内找到所有需要其待交易商品的人，从而实现闲置商品间的快速循环流动。由于用户都是陌生人，SwapTree 网站建立了一套信誉评价机制来进行交换的管治。如果你提供的商品与描述的不符，或者你通过交换得到了商品但不发送自己的商品，都会得到差评，然后账户被冻结。迄今为止，其平台发生的交换 99% 以上都得到了好评。

SwapTree 网站上交换的主要是 CD、DVD、游戏机与游戏光碟、软件，还有书籍等标准化程度较高的商品。现在已经有约 200 万名会员，在待交易商品清单中有 550 余万件商品，在需要商品清单中则有超过 350 万件商品。根据格雷格·博塞尔统计，"一般一个新会员在加入后的第一个月平均会进行 4 次交换，第二个月进行 4.5 次交换，第三个月进行 5 次交换。之后的每个月差不多都会进行 5 次交换"。由此，商品交换对人们的吸引力可见一斑。这就是将闲置商品进行大规模的所有权交换，得以在大范围内进行分享的例子。

当然，共享经济不仅仅是所有权的交换，也可以是临时性、短时间的对其使用权的出租。

新时代人群，接受新鲜事物快、生活方式多元、好奇心强。他们热衷于尝试新产品，但不一定想拥有它；他们需要便利的生活，最好能随时使用到需要的物品；他们面临商品丰富度爆炸、不断升级的诱惑，但是生活成本高、居住面积有限，不可能进行无限制地购买。因此，他们有对出行使用汽车或自行车的需要，有对参加年会派对使用服装道具的需要，有对出门旅游装备的需要，有对电子产品尝鲜的需要，有对各式衣物服饰的需要，还有对各类娱乐休闲用品的需要，而对于这一切，他们都希望能以分享使用的方式得到。

根据传媒与公关企业 CNW 集团在美国 2011 年的调查，在 18~24 岁的驾驶人中，有 46% 愿意租用而非拥有自己的汽车，这之前在美国这样的汽车王国是无法想象的。根据市场调查机构 AC 尼尔森 2016 年对全球 60 个国家的调查，约 66% 的受访者表示愿意从他人处租用商品。其中，人们最愿意通过分享来使用的有形商品依次为：

①书籍
②汽车
③服装
④度假公寓
⑤CD 与 DVD
⑥珠宝首饰

⑦手机、计算机、平板电脑等消费类电子产品

⑧家具

⑨玩具及儿童用品

于是，出现了更多的共享经济商业形态。通过 Relay Rides 等公司提供的共享租车服务，能分享驾驶自己中意的车型；通过 Rent the Runway 等公司提供的共享服饰服务，能分享到当季的新款服装；通过 Airbnb 等公司提供的共享租房服务，能分享居住自己想要的房间；通过 Peerby 等公司提供的共享物品服务，能分享使用自己喜欢的休闲娱乐用品与电子消费产品；通过 Dim Dom 等公司提供的共享儿童用品服务，能分享获取其他家庭闲置的玩具。这就是有形资源以商品形式进行共享的第二个领域，使用权出租。

当然，无论是商品间的交换，还是商品的使用权出租，都需要通过网络来促进商品资源的流通并建立信任机制。

第三节　扩展云思维，商品即服务

截至 2016 年，《福布斯》全球最具创新力企业排行榜上有一家企业已经连续 6 年名列榜首，那就是 Saleaforce.com。这是一家成立仅 17 年的公司，但年营业收入已经从创业初的 5 000 万美元上升到了如今的 50 亿美元。Salesforce-com 成功最大的原因就是其"软件即服务"的商业模式。

"软件即服务"如今已经成为云计算的三大类型之一。按照美国国家标准与技术研究院（NIST）的定义：云计算是一种按使用量付费的模式，这种模式提供可用的、便捷的、按需的网络访问，进入可配置的计算资源共享池（资源包括网络、服务器、存储、应用软件等），这些资源能够被快速提供，而只需投入很少的资金。

管理工作，或与服务供应商进行很少的交互。随着云计算的发展，人们发现其精髓部分不仅在于资源的共享，更在于将传统的 IT 资源当作服务来提供。Salesforce.com 作为软件即服务（SaaS）提供商，已经为企业搭建好了信息化所需要的所有网络基础设施及软件、硬件运作平台，并负责所有前期的实施、后期的维护等一系列服务。企业无须购买软硬件、建设机房、招聘 IT 人员，即可通过互联网使用 Salesforce.cora 提供的软件。就像打开自来水龙头就能用水一样，企业根据实际需要，从 SaaS 提供商处购买服务即可，实现了"无须购买产品，资源共享，按需即用，按用付费"。这样就大大降低了企业的固定成本投入，让企业可以变得更敏捷、更专注于其核心竞争力。

云计算的这种创新模式，开始颠覆 IT 界。传统的 IT 巨头们，如 IBM、惠普、SAP、微软等，也纷纷向云计算转型，宣传自己是一家"云计算"公司。云计算的思

维模式也开始拓展，逐步发展成"业务流程即服务""大数据即服务"等模式。

换句话说，云计算将信息技术产品的所有权和使用权分离，将技术产品以一种"服务"的方式来进行交付，用户通过互联网便可以进行生产，这是云计算所带来的最大价值。这一切和共享经济很相似。共享经济也提倡资源共享，所有权与使用权分离，用户可以按需使用。更有意思的是，很多资源也可以不以商品的形式，而是以服务的形式来提供。这就是我们要讨论的共享经济的第二种战略形态——商品即服务（Product-as-a-Service）。

将商品以服务的方式提供，可以给用户带来更大的价值。我们可以从很多商业案例中得到启发。比如 Netflix 公司，便是从提供租碟服务发展到视频分享的。

作为大红大紫的美剧《纸牌屋》的制作方，Netflix 公司现在应该已经家喻户晓了。但其实，Netflix 公司是靠租赁 CD 与 DVD 起家的。

Netflix 公司成立于 1997 年。当时，市场上提供租碟垄断服务的是 Blockbuster 公司。Blockbuster 的连锁门店遍及全美国，据统计超过 70% 的美国成年人都从 Blockbuster 借过光碟。Blockbuster 的收入除了直接来自租碟之外，还有很大一部分来自于因为晚归还而收取的滞纳金，其竟然占到了总收入的 10% 左右。

不同于 Blockbuster 公司，Netflix 公司采取了提供租碟服务的方式，那就是邮寄光碟。客户可以通过电话或写信预定，Netflix 公司接到订单后便将光碟以邮寄的形式直接寄送到客户家中，免去客户出行之恼。如果用户无法及时返还所借光碟，Netflix 公司也不向其收取滞纳金。这样，用户不会因为去门店后发现找不到要租的光碟而白跑一趟，也不需要在门店排队等候，更不需要为了避免滞纳金而急忙从一个很远的地方赶往门店。这样，Netflix 公司将光碟商品以服务的形式提供，从 Blockbuster 公司手中"挖"走了不少客户。在其成立后的第一年内，Netflix 公司就吸收了 24 万名会员。

紧接着，Netflix 公司又利用互联网技术的发展，及时推出了在线预订服务，用户能在庞大的影片数据库中做出自己的选择。并且，可以利用个性化推荐系统引导客户去看老电影和一些小众的电影，进一步盘活资源，极大地提高了光碟的使用率（这后来也成为长尾理论的起源之一）。

2002 年 Netilix 公司上市后，又利用上市募集到的资金在各地建设分发中心，改进自己相比 Blockbuster 公司的最大短板：等待时间，让用户能尽快收到光碟。当然，Netflix 公司没有停止创新，继续使商品即服务的道路越来越宽。其后又开创了版权视频＋订购的商业模式，即 Netflix 公司购买了大量视频的版权后，再以服务的方式将海量视频资源共享给客户。客户可以订购进行观看，并付费。

到了 2005 年，Netffix 公司已经完全超越 Blockbuster 公司。2010 年，Blockbuster 公司宣布破产。

Netflix 公司将商品以服务的方式提供，不需要像 Blockbuster 公司那样投入大量成本开设门店,能以更"轻"的模式开展运营,从而不断扩大资源规模,并以更好的方式为客户所分享,为客户创造了更大的价值。

通过上面的案例,我们可以看到商品即服务的优势:首先,为企业自身带来更大的价值。因为一方面服务的利润要比商品的利润更高,另一方面也可以突破商品日趋同质化的"红海",通过服务更好地加强与客户之间的关系。我们可以看到大量的实际案例,就像 IBM 从计算机软硬件提供商转型为业务解决方案供应商;富士施乐从复印机制造商转型为文件管理服务提供商;霍尼韦尔从传统的自动化仪表及设备制造商转型为航空、楼宇、智能家居等综合解决方案的服务供应商等。

其次,也为客户带来更大的价值。Netflix 公司的模式其实也算是共享经济的前传,成了现在很多企业学习的榜样。与仍然以商品形式提供的形态相比,商品即服务具备以下两个特点。

首先,在商品上附加服务属性,使商品使用更便捷,产生效用更高,或者更好地解决客户的问题。就像上述 Netflix 公司的案例,客户能更加方便地选择与得到自己喜欢的内容,也不用为寻找租碟门店而发愁,光碟的流通也更快,能为更多用户所分享。

其次,通过服务,用户在使用商品时能得到完全的满足感。因为在共享经济形态下,很多商品的所有权仍然不属于使用者,而这可能导致使用者在拥有它的一小段时间内产生一定的抗拒心理。而如果是通过服务的方式,则使用者潜意识里会将这小小的不舒适感降低甚至完全驱除,专注于享受服务带来的快感。

在共享经济领域,商品即服务最好的例子莫过于 Uber、Lyft、滴滴快的、BlaBlaCar 等共享驾乘公司。它们或者提供专车搭载,或者帮助乘客拼车,但它们的共同特征就是,车主不但分享其对车辆的使用,而且还提供对乘客的服务。

以 BlaBlaCar 公司为例。BlaBlaCar 公司于 2006 年在法国成立,目前已经拥有超过 1000 万名用户,服务范围涵盖法国、德国、意大利、英国等 12 个国家。BlaBlaCar 公司定位于长途拼车服务市场,帮助乘客(很多是旅行者)搜索与自己出行路线相同的汽车并提出拼车请求。服务提供者(车主)会提出时间表与报价,乘客可以在比较后进行选择,而 BlaBlaCar 公司会从中提取 10% 的交易费。通过这种方式,车主可以补贴其长途开车的费用,乘客也可以节约更多的时间与费用。

以从巴黎到布鲁塞尔为例,火车票价格通常为 44 欧元,但在 BlaBlaCar 公司的平台上旅行者通常可以方便地找到 25 欧元以下的座位。况且很多旅行者都会在最后一小时才决定去哪里,但在欧洲这种最后时刻的车票价格(Last-minute Ticket)甚至会比平时的价格高出 50%。另外,油价不断上升,也对车主造成了不少经济压力。通过长途拼车服务,BlaBlaCar 宣传每年可以为车主及乘客节省 4 亿余欧元。

此外,很多旅行者是单向旅行,如果从传统租车公司租车的话,弃地还车花费不菲;如果从新兴的共享租车公司租车的话,还车则是一个难题(因为新兴共享租车公司中车辆大多属于个人，需要在出发的城市还车）。因此，BlaBlaCar 这种模式的吸引力很大。

面对长途旅行女性可能遇到的问题，BlaBlaCar 公司还设计了"仅限女士"原则，即女性驾驶员可以选择只搭载女性乘客，女性乘客则可以"插队"优先选择女性驾驶员。当然，不可回避的现实是和陌生人同路也意味着安全隐患。BlaBlaCar 通过验证手机号码、邮箱和银行账号来确认用户身份，同时鼓励人们相互评价以建立常客之间的信任。BlaBlaCar 解决了长途出行中可能会遇到的许多问题，提供低成本且高效的服务，实现了为客户的价值创造。

到 2016 年，BlaBlaCar 公司已经在 12 个国家拥有了超过 900 万名注册用户，其中 100 万名为活跃用户。据统计，在其平台上平均每月搭载乘客数达到 200 万人次。BlaBlaCar 公司已经融资 1.1 亿美元，是法国初创公司历史上融资之最。业界对其的估值也已经达到 10 亿美元。将汽车以服务的方式提供，将长途出行作为服务的切入口，BlaBlaCar 公司在竞争激烈的出行市场找到了一片"蓝海"。

共享经济要采用商品即服务的形态，那么被共享的资源需要有很好的可以附加服务的属性。目前，我们看到的例子大多在交通出行领域，但是在未来很有可能会突破。想象一下 Airbnb 将来不但提供房间，还提供具有当地特色的导游服务，这可能并不是梦想。此外，由于服务需要人与人之间的大量交流，就像上述 BlaBlaCar 公司的案例，要做到能放心与陌生人同行，因此如何建立彼此间的信任也十分关键。

从某种意义上讲，商品即服务便是云计算思维的扩展；也可以这么说，云计算就是 IT 领域的共享经济。全球最大的 ICT 类博览会——德国汉诺威消费电子、信息及通信博览会 2011 年的主题是"云计算"，2012 年的主题是"信任管理"，2013 年的主题是"共享经济"。我们回过头来看，这三者的距离其实并不遥远。

第四节　大众的力量，服务皆可能

2009 年，美国《连线》杂志著名撰稿人杰夫·豪（Jeff Howe）写了一部畅销书《众包：群体力量驱动商业未来》（Crowdsourcing：Why the Power of the Crowd is Driving the Future of Business）。在书中，杰夫·豪对流行的"众包"理论和"威客"理论做了很好的阐述，并提出了众包商业化的以下三种模式。

（1）以 iStockPhoto 平台为代表的"预测未来市场"模式，即大众可以提供自己的各类作品或创意（如拍摄的照片）并以大众化的价格出售，而购买者预测其将来会升值，因此购买。

（2）以 InnoCenter 公司为代表的"挑战解决方案"模式，即企业可以将无法解决的问题放在网上进行挑战，给予解决者一定的奖励，吸引有一技之长的人来解决。

（3）以维基百科为代表的"集体智慧社区"模式，即人人都可以在社区贡献自己的知识与智慧，将解决方案做得更完美，当积累到一定程度后，可以开发出多种衍生盈利模式。"众包"理念应了中国的一句老话：众人拾柴火焰高。不过这里的"众包"需要的是一个聪明且受过良好教育的群体。而随着经济环境的变化，互联网技术的发展，社交化趋势的增强，渐渐地"众包"概念得到了极大的延伸与扩展，也逐步发展为我们现在讨论的共享经济的第三种战略形态，即以服务的方式来分享无形的资源。无形的资源可以是知识与智力资源，也可以是技能、劳动力、金融等资源。具体来说，这种转变体现在以下几方面。

（1）横向扩展。知识与智力的分享不限于企业与个人间，每个人都可以参与，任何人既可以是供应者，也可以是消费者。

（2）纵向扩展。垂直行业细分化趋势明显，在某些垂直行业出现更加细化，时间、效率、能力要求更高的需求，并催生更专业的供应。

（3）向下延伸。从知识与智力领域延伸到提供富余的劳动力、提供盈余的时间等领域，既不受教育程度的限制也可以人人参与的领域。

（4）向上延伸。从知识与智力等人力领域延伸到金融等非人力领域，即金融资源也是一种宝贵的无形资源，人人都可以出资，人人都可以得到金钱的支持来解决自身的问题，完成自己的梦想。

以 Skillshare 公司为代表的知识分享平台，就是横向扩展的产物。Skillshare 公司宣称"好奇心带领我们到达明天"，其希望既可以让每个人都成为老师，也可以使每个人都变成学生。在这个平台上，每个人都可以向那些感兴趣的学生教授自己的知识与技能。平台上的课程目前分为五大类：创造艺术、烹饪工艺、创业之道、生活方式和科学技术。每个大类下，学生还可选择特定主题，如编程、市场开发、鸡尾酒调制、品牌运营、个人理财等。"三人行，必有我师"的中国古训，在互联网时代得到了新的诠释。

以 Upwork 公司为代表的自由职业者服务共享平台，则是横向扩展的另一种产物。Upwork 公司于 2014 年由 Odesk 与 Elance 两家公司合并而成，专供专业型的自由职业者在平台上共享自身的知识与技能。其主要用户群包括程序开发员、网络工程人员、数据分析人员、创意设计师、3D 建模人员、文案写手、摄影师、视觉效果制作师、翻译人员、市场与营销专家以及财务与税务专家等。由此可见，其专注于专业技能分享，即专业服务的提供。

如果你觉得你没有很多专业知识拿出来与人分享，但是你有劳动力、有空闲的时间，这也可以提供给别人使用吗？当然可以，这就是我们所说的向下延伸。哥伦比亚大学商学院教授丽塔 - 麦克格拉斯（Rita McCrath）给这种趋势起了一个非常互联网化的名字：Work3.0，她认为"常规"的工作市场将一去不复返，新的雇用模式正在显现。

"当互联网越来越普及，企业一有任务就会想到在线去雇人，其自然程度就好比是想了解信息时就去谷歌搜索一样。"其实，不只是企业有任务时会这么做，即使是个人有需要也可以通过诸如 TaskRabbit 公司、猪八戒网等平台去寻求解决办法，譬如找人帮忙去拿食物外卖，雇人做一个星期的"人肉"闹钟，召集一队人扮作濒危动物呼吁公众关注环境恶化……这些可都是真实发布在上述平台的任务。

在西方文化中，兔子往往意味着聪明伶俐，行动敏捷。成立于 2008 年 9 月的 TaskRabbit（中文意思为"任务兔"）公司就是希望能为人找到各种帮手，快速而又机智地完成各项任务。其创始人里 - 巴斯克（Leah Busque）因为在 2008 年 2 月一个冰冷的晚上产生的偷懒念头——找人帮忙给她买些狗粮，萌生了开发该产品的念头。现在 TaskRabbit 公司已经融资超过 4000 万美元，业务规模还在迅速成长中。

TaskRabbit 公司的业务由三类要素组成：Task Posters，即任务发布者，可理解为雇用方；Task Rabbits，即任务接受者，可理解为被雇用方（有时也被称为"跑腿者"）；Task，即需要完成的任务。任务发布者发布任务，并标注完成任务后可以提供的最高费用。TaskRabbit 网站上会有一个任务的分类，列出了每个任务的平均价格，这样任务发布者可以参考这个价格再出价。跑腿者互相竞价和阐述自己适合完成这项任务的原因。任务发布者经过挑选后，指定跑腿者完成任务。任务完成后费用转至跑腿者的账户，每周五使用信用卡进行结算，不涉及现金交易。任务发布者可以对跑腿者完成的任务情况进行打分，完成任务越多且完成趱好的跑腿者信誉分就越高，在以后的任务竞标中也更容易获取任务。TaskRahbit 网站会从中收取 12%~30% 的交易费用。

目前，TaskRabbit 网站上每个月发布的任务超过 9000 项，拥有 3 万名跑腿者来完成各项任务，他们经过 TaskRabbit 网站的认证和核实，以保证任务执行的效率和安全。据公司介绍，75% 的用户都是通过口碑传播获取。正因为安全性和信誉机制，也防止了任务发布者和跑腿者采取线下交易以逃避交易费用的问题。关于跑腿者的身份，根据 2011 年 6 月的一份官方统计数据，当时 1500 个跑腿者中，10% 是大学生、120% 是拥有一些技能的年轻女性、15% 是全职主妇，25% 是退休人员，38% 是其他人群。其中有一些跑腿者甚至将这个网站作为自己全职工作的平台，最高每月能赚到 7000 美元。

下面是一些跑腿者的亲身经历。

2012 年，我丢了金融行业的工作，一个朋友向我推荐了 TaskRabbit 网站。一开始，我只想在过渡时期上 TaskRabbit 赚点外快。初始阶段我一天完成 2~3 项任务，但现在周六也要开始工作了，如今我每周都能赚 500 ~ 750 美元。我做过的最奇葩的任务是"婴儿车保镖"。我必须一直站在一家幼儿园外，告诉孩子们的保姆或妈妈在哪里停放他们的婴儿车，我感觉自己就像幼儿园的保镖。

——戴维·科尔多瓦，31 岁，住在纽约

我总是在寻找一个时间灵活的工作，再加上我在等待一个医疗领域的实习，所以我必须找个能随时停下来的工作。TaskRabbit 网站就能满足我的需求，我总是工作日的早上去实习，晚上和周末完成那些任务。我做过很多有意思的事，最难忘的是帮一个小伙子向他的女朋友求婚。求婚定在金门大桥上，桥上看到的风景特别美，他通过电话指挥我准备好了毯子、枕头和香槟。最终，那女孩说了"是"！TaskRabbit 网站最让我喜欢的一点是它工作的灵活性。

——乔纳森·拉尔，28 岁，生活在旧金山

很明显，TaskRabbit 网站帮助了那些没时间或者没空去做一些事情的人，同时也帮助了那些时间灵活、不想干坐在办公室或者暂时失业的人。在 TaskRabbit 网站上分享的是时间，是耐心，是劳动力。这可能是一个不关乎智力有多高与知识有多丰富的地方，可能听上去一点也不酷，但却是一个极为广阔的市场。

此外，共享也向上延伸到了金融领域。早在 2003 年，英国金融业巨头保诚集团（Prudential）的 IT 负责人理查德·杜威尔（Richard Duvall）就在设想，银行传统的借贷模式会不会被新的技术与商业模式所颠覆。他觉得银行与客户之间的关系已经糟糕到了极点，"就好像一个 40 岁出头的男人，走进一家皮鞋店想买一双 42 码的黑色皮鞋，却被告知店里只有 40 码的红色女鞋，除非他两周后再来。但如果那个男人走进一个皮鞋集市，那里有新皮鞋出售，也有二手鞋交易，那他很快就能得到他想要的鞋子了"。因此，在 2005 年，理查德·杜威尔与戴夫·尼克尔森（Dave Nicholson）创建了第一个基于个人对个人的互联网借贷企业 Zopa 公司，他们将之形容为"eBay 网站＋贝宝＋婚恋网站 Match.com＝在线金融匹配服务"。于是，金融服务开始进入共享经济领域。

如前文所述，现在"共享经济＋金融"又分为 P2P 网贷与众筹两种形式。P2P 网贷指的是借贷双方均为个人，自由竞价，撮合成交，满足个人的融资需求，其代表包括 Lending Cluh、Prosper、Zopa、Funding Circle 等公司。众筹指的是个人发起，向大众进行募资，发起的目的包罗万象，如灾害重建、创业募资、艺术创作、自由软件、设计发明、科学研究、竞选活动以及公共服务等。其代表包括 Kic kstarter、Indiegogo、Crowdcuhe 等公司。无论是 P2P 网贷还是众筹，都是将金融的无形资源，以借贷、募资等服务的方式进行提供，解决需求方的资金问题。

而无论在知识与智力共享领域，还是在简单的劳动力共享领域，都有一个重要的趋势，那就是纵向扩展的垂直化分工日益明显。例如，Liveopa 公司主要面向客服市场，Eatwith 公司主要面向餐饮美食市场，Instactut 公司主要面向食品与杂货快递市场等。这是因为一方面某些垂直领域对技能要求有一定的门槛，如 Eatwith 公司平台上的参与者必须是身怀至少一两门"私厨"绝技的美食爱好者。另一方面钻研某一领域可以积累运营经验，迅速形成适合的解决方案，并形成口碑效应，吸引更多的人力参与。在垂直领域的做大不一定需要高智力和特殊技能，Instacart 公司就是一个很好的例子。

2001 年，在第一次互联网泡沫时期红极一时的 Wehvan 公司宣告破产。Webvan 公

司是一家在线食品与杂货电子商务公司，其口号是"为客户提供最高质量的货物，并以最快的速度快递上门"。Webvan 公司不仅融到了巨额资金，还组建了一支以安盛咨询（现为埃森哲）时任首席执行官和多名雅虎高管为班底的梦之队。但是，快速的扩张，尤其是物流基础设施的建设，迅速耗尽了其资金；而一小时快递上门的承诺实现之难，也大大超出管理团队的预期。Webvan 公司最后被美国著名科技新闻与评论网站 CNET 评为互联网历史上的十大失败案例之一。

时光流转，十年后，又出现了一家公司挑战当年 Webvan 未竟之梦想。那就是于 2012 年成立的 Instacart 公司，采用全兼职人员进行采购与配送，任何人只需要有一部手机和一辆汽车，通过公司的审核就可以加入。

InstacaIt 公司的模式是与包括全食超市（Whole Foods）、西夫韦（Safeway）、科思科（Costco）在内的大型食品超市紧密合作，消费者可以从这些超市下单，也可以将不同超市的货品合成一张订单，并约定一个需要将货物送上门的时间。消费者按订单费用在线支付给 Inst acart 公司。采购员通过手机接收订单，去超市采购并预付订单费用，然后根据订单要求的时间递送给消费者。Instacart 公司按小时计算采购员的工资，每周与其预支的订单费用一起结算。此外，Instacart 公司还鼓励消费者给予采购员现金形式的小费。

在 Instacart 公司的平台上，对于每一个超过 35 美元的订单，在两小时内送达要收取 3.99 美元的运费，一小时内送达的则要收取 5.99 美元的运费。对于不到 35 美元的订单，在两小时内送达的运费是 7.99 美元，而一小时内送达的运费是 9.99 美元。

由于 Instacart 平台上的采购员全是自由职业者或是兼职员工，因此很难强行安排他们的工作时间。为了解决这个问题，Instacut 公司使用"高峰提价"的政策，根据采购员的忙碌程度，在消费者的订单运费上增加几美元。这些额外价格的部分收入会付给采购员，鼓励他们尽可能快地工作。此外，为了避免采购员的流失，Lnstacafi 公司在消费者结账环节加入了交付采购员小费的选项，以增加采购员的收入。

在两小时以内递送日用品对 Instacart 公司来说是一个挑战。为了减少递送时间，Instacart 安排采购员在合作超市外待命。一旦采购员收到订单，他们就可以迅速进入超市进行采购，据统计这可以节省 50% 的时间。

有时候采购员会购错物品并递送上门。为了处理这个问题，Instacart 公司有一个专门的支持团队，消费者可以通过电话或邮件联系他们。如果采购员少拿了某个商品，也会处理，向消费者退款。有时候订单上的物品已经售完，所以 Instacart 公司允许消费者在订单上添加替代品要求，同时在这样的物品旁边增加"经常没有存货"的按钮来提醒消费者。

Instacart 公司已经在全美国 17 座城市开展业务，包括纽约、洛杉矶、旧金山等大都市。从目前的运营来看，Instacart 公司做得相当不错，在 2014 年一年内收入已经翻了 10 倍，其估值也迅速达到 20 亿美元。对于 Instacari 公司的价值，其 B 轮与 C 轮领投方 A162 风险投资基金（Andreessen Horowitz）在官方博客中这样解读：

"过去一段时间内，媒体、电子产品、服装和家具的线下零售都被电子商务模式颠覆，上网购买变成人们的重要选择；但是，零售中最大的一个品类始终没有被互联网撼动，那就是食品与杂货，而这对于互联网从业者来说，是一个非常重大的机遇。在过去，那些试图通过互联网冲击线下食品与杂货销售的科技公司，总是遵循线下商店的模式——端到端地建仓库，购买存货，组建车队，销售，运送。而这巨大成本的花费，只是复制了传统食品杂货店的供应链。但是 Instacart 公司充分利用了那些智能手机和汽车的拥有者，而不是自己去干所有的事"。

不需要太多重资产，不需要复制传统的供应链，但是要会充分利用富余的人力资源。从传统的"众包"，横向扩展为人人均可参与，纵向在诸多垂直领域深耕细作；不仅向上延伸到提供金融服务的"金融众包"（众筹），也能向下延伸到覆盖各项"中低端服务"的"劳力众包"。就像《纽约时报》说的，"Instacart 公司说明了科技不仅能用自动化替代人力，也能为那些知识水平不高的人们创造更多的工作机会。Instacart 公司将有金钱但缺少时间的人与有时间但需要额外收入的人进行了成功的连接。越来越多的类似服务将会产生"。共享经济正在网聚大众的力量，让一切服务都成为可能。

第五节　人尽其长，创意即所得

按照马斯洛的需求层次理论，人类最高层次的需求便是自我实现的需求，也就是希望能将人的能力发挥到极致，才能使自己感到快乐。如果说上文描述的共享经济第三种形态是根据自己力所能及的能力，以服务的方式来帮助别人，那么更进一步的就是充分挖掘自己无形的资源，结合所有与自己有一致兴趣与情怀的人们的智慧，创造出对他人、对社会、对世界有价值的商品。

2008 年的金融危机，大公司的突然崩塌，使得越来越多的消费者在心目中淘汰了那些以自我为中心、高成本、高能耗，但是价值低的公司。波士顿咨询公司（BCC）在 2013 年对全球超过 12 000 位消费者进行了信心调查，发现欧美地区超过 60%、亚太地区超过 40% 的消费者增加了他们对大公司的不信任感。而同时互联网的一波又一波浪潮，使得一切都相互连接，信息对称，个性得以释放，消费者自己的创意能通过科技的手段来实现。于是在全世界掀起了一股"个人原创品牌"（Homebrand）的浪潮，"因为建立在共享经济平台上的个人原创品牌更能让人产生信任感"。关于共享经济的畅销书《网格经济，为什么未来的商业是共享》的作者丽萨·甘斯基如是说。

在 2015 年 4 月上市，首日股价就翻番的 Etsy 公司，便是这种建立个人品牌共享经济平台的杰出代表。

Etsy 公司的创始人是一个来自纽约布鲁克林的 25 岁的业余手工匠人罗博·卡林，他先后游学于艺术博物馆学院、麻省理工学院和纽约大学。罗博·卡林在游学的过程中发现社会上有众多的优秀手工艺爱好者，但他们的创意并不为人所知，他们的作品无法接触到大众。于是，罗博·卡林决定创办一家网站，帮助手工艺者创作并销售自己的作品。

Etsy 公司建立后，迅速吸引了大量的手工艺爱好者。因为 Etsy 公司只允许用户出售他们自己制作的手工艺品，所以对许多喜爱 Etsy 的用户来说，Etsy 远不只是一个商品交易平台而已。他们将 Etsy 视作大规模批量生产（Mass production）的一剂解毒良药，以及对缺乏人文精神的大公司品牌的替代者。他们支持 Etsy 网站上传承的美妙传统的手工艺制品，其提供了一个平台，让人们除购买批量生产的产品外，还能有更为人性化的选择。此外，Etsy 公司也催生了一个更为广阔的行业——充满了个性美感的手工艺制作行业。

正是由于其独特的价值定位，Etsy 公司得以快速发展。目前，网站提供了超过 2 900 万件手工艺制品，范围包括衣物、绘画、陶艺、雕塑、首饰、家具等。Etsy 公司的招股说明书上显示，截至 2016 年底，网站会员已经超过 5000 万名。2016 年，160 万名会员有手工艺制品上架待售，超过 2000 万会员至少购买了一件商品。

Etsy 公司的商业模式为，卖家发布商品每件收费 0.2 美元，可以上传 5 张产品图片；卖家可以从 Etsy 网站上直接打印邮寄标签，并获得折扣邮费，还可以获得物流跟踪报告。Etsy 网站使用谷歌提供的 Coogle Product Listing 广告，卖家无须额外出钱，就可以增加产品在谷歌上被搜索到的概率。买家可以选择使用 Etsy 公司自己的支付系统（收取额外 3% 的手续费）或者通过贝宝支付。Etsy 公司从每笔交易中抽取 3.5% 的佣金。根据其招股说明书，Etsy 公司营业额中的 55% 来自卖家每个商品 0.2 美元的陈列费和每笔交易额 3.5% 的佣金；这两项业务在 2016 年共为其带来了 2.96 亿美元的收入。另外，有 42% 的营业额来自卖家增值服务，如网站推荐位、物流服务、品牌服务等；剩下的 3% 来自用户选择 Etsy 公司自己的支付系统所支付的手续费。

Etsy 公司还建立了线上与线下的社群，鼓励手工艺者之间的交流与互助；并建立了虚拟实验室与实体实验室，让资深的手工艺者可以在线上或线下传授技能，广大用户则可以学习、实践、参与互动。

为了避免非手工艺制品流入平台，Etsy 公司建立了专门的交易诚信与安全部门（Market place Integrity, Trust&Safety Team）接收对不符合手工艺制品原则交易的举报，并使用程序探测可疑的卖家。

值得一提的是，Etsy 公司在 2012 年通过了非营利机构 B Lab 颁发的 B 企业认证。B Lah 认为，企业应为股东和社会同时创造经济、社会和环境价值。Etsy 公司作为首家上市的 B 企业，有力地促进了企业对社会责任越来越多的关注。

所以，这是一个"人人众创"的时代。千古年来人与人之间的属性似乎一直是雇用与被雇用的关系。但现在做什么、创造什么、销售什么，个人的自主权已经无限扩大。个人不但可以直接向大众分享自己的创作才华，而且可以与他人协作一起来实现梦想，为自己创造价值，为他人带来价值。《长尾理论》（The Long Tail）作者克里斯·安德森（Chris Anderson）认为，"互联网的大众性降低了创新的门槛，让每个人都具有创造与传播的能力"。这种力量将不断冲击现有的商业模式，彻底模糊生产者与消费者的界限，从而产生一个新群体——"消费者"。正如诺贝尔奖得主穆罕默德·尤努斯（Muhammad Yunus）所说的那样，"我们每个人都可以成为企业家，而这正是我们人类开始的地方"。

第五章　共享经济思维创业获取价值的商业模式

讨论完共享经济的战略形态后，已经基本清楚共享经济是如何为用户创造价值的。但是为用户创造价值并不能自动带来回报。那么，下一个重要的话题就是，共享经济企业本身又是如何获取价值的？即使用共享经济模式的公司具体是怎样收费，怎样实现盈利的呢？

下面，我们先从公司本身与外部实体之间的商业逻辑出发，来看共享经济的主要商业模式，了解这些公司在模式中的地位。我们之前也曾经提到过，共享经济的主要商业模式可以分为B2C（企业对个体）、P2P（点对点，或个体对个体）、B2B（企业对企业）三种。

第一节　B2C，传统的改良

在前文中，我们将共享经济划分为共享经济 1.0 与共享经济 2.0。共享经济 1.0 出现在 2000 年左右，以 PC 互联网为主要承载方式，多采用 B2C 模式。共享经济 2.0 则出现在 2008 年后，以移动互联网技术（包括移动应用、搜索技术、位置服务、移动支付等）推进其发展，更多是以 P2P 的形式呈现。

所谓 B2C 模式，指的是某个企业拥有对资源的所有权。以企业为中心，通过平台将这些资源提供给需求者。需求者并不需要拥有这些资源，但通过获得这些资源的使用权，能够方便地与其他需求者来一起分享资源。

也许有人会说，B2C 模式和传统的一些商业模式，如 B2C 电商、租赁模式等，并没有本质上的区别，只是换了一种说法而已。这话有一定道理，从商业行为的本质来看，的确是传统模式的一种改良。但这里想强调的是：①在这种模式下，从企业方（B 端）来讲，传统上出售的是商品的所有权，现在转变为出售的是商品的使用权。从消费方（C 端）来讲，将传统上消费者购买商品以得到其所有权，转变为不需要购买，只需要能够使用即可，且选择使用的范围更广。节约了开支，方便了使用，为消费者提供了更多的价值。②这种模式，构建了一种良好的社群关系，使得消费者在社群中能极为方便地使用到自己需要的资源，从用户体验的角度出发，就好比在借朋友的东西，或者在向朋友分享自己的物品一样。

此类 B2C 模式的代表便是共享租车企业 Zipcar 公司，其一诞生便被风险投资界认为是开创了"汽车共享"的新模式，因此，也被业界广泛称为世界上第一家共享经济企业。

一个没有汽车的人怎么解决交通出行？短途出行可以打出租车，日常或周末可以租车。但出租车和租车公司无法根据乘客喜好提供更个性化的服务，如乘客只想租 2 个小时而非一整天，或者租车公司的门店实在太远了乘客不想过去取车还车，或者乘客想尝试某种车型但租车公司的选择实在太少了。因此，存在一个空白市场——租客可以自己掌握的用车服务。为什么不能向邻居借车使用呢？这正是 Zipcar 公司发掘到的商机。

Zipcar 公司成立于 2000 年。用户可以到 Zipcar 网站上支付年费申请一张会员卡，需要用车时直接在网上搜索附近 Zipcar 的车辆，然后用装有 RFID（无线射频识别）芯片的会员卡自助取车，还车时可以还到借车所在地，也可以还到 Zipcar 公司遍布全城的还车点，整个用车过程都是自助服务。通过车联网技术自动计算费用，按使用时间收费，可以按天，也可以按小时，费用包括了所有的细项，如车辆使用费、停车费、汽油费、保险费等。这种便利的服务，可以从 Zipcar 公司的一句口号"你身边的轮子"中体会出来。

因此，Zipcar 公司给予用户的体验就是非常方便，就好比出门不远便能从邻居朋友那里得到车；而且取车、停车、选车型、用车时长等灵活度非常高，感觉和大家在分享使用，但自己并不需要拥有。

Zipcar 公司的业务发展快速，直到其被安飞士巴吉集团收购前，在美国、加拿大、英国、西班牙和奥地利的多个大城市和大学校园已为近 77 万名注册会员提供了 1.1 万辆机动车的汽车共享服务。

不过，要持续地给予用户这种体验，那么一定区域内的车辆数量就要足够多，即网点密度必须足够大。为此，一方面 Zipcar 公司自购大量车辆，也从传统租车公司处租赁来弥补高峰时的缺口；另一方面 Zipcar 会司还采取了区域细分战略，将城市划分成不同区域，每个区域放置一定数量的汽车，还对客户群做了清晰的划分：个人、商业用户、大学。针对不同租客有不同的车辆分布方式，这样大大提高了车辆的可获得性。此外，还需要签约大量的停车点，以供取车、还车使用。由于车辆停放地点多，一支行动快速高效的车辆保养队伍也必不可少。

因此，当大城市业务饱和、中小城市市场有限，进一步规模化需要更多的投入，但在"前有敌手后有追兵"的情况下，Zrpcar 公司最后还是选择了被安飞士巴吉集团收购。

由此可见，B2C 模式体现了共享经济的基础理念——以使用权替代所有权；但同时也存在不少缺陷——强调以企业为中心，重资产，扩展能力受限。况且，传统的 B2C 模式只能提供稳定的供给，而供给量一定在需求的高峰值和低谷值中间，于是在高峰期会存在供给不足，低谷期又会出现供给多余，效率无法实现最优。因此，我们称 B2C 模式为对传统的改良。从发展的眼光来看，B2C 模式已经是共享经济的过去式。

第二节　P2P，新时代的创新

到了共享经济 2.0 时代，随着互联网发展到更高级阶段（从 Web1.0 到 Web2.0）以及移动互联网的日益普及，便出现了更多的共享经济企业采用 P2P 模式。

所谓 P2P 模式，指的是并没有单个的企业拥有资源的所有权，即去中心化。闲置或者盈余的资源，完全分散在整个社群，由其中的部分个体所拥有；社群中没有资源所有权的个体，则可以拥有这些资源的使用权。整个社群可以通过某个平台，实现个体间的资源分享或交换。

尽管在这种模式里，绝大多数的主体是个人，但之所以用 P2P（点对点，或者个体对个体，Peer-Lo-Peer），而非 C2C（消费者对消费者，Consumer-to-Consu mer），是因为点对点的说法更符合互联网精神和共享经济的精髓，任何两点之间都可能进行连接，产生分享行为；那么多点的互相连接，最后就形成了一张无中心、巨大且可以无限扩展的网络。

此外，P 的范畴也更大，可以是个人，也可以是企业。可以是企业提供供应，给个人使用；也可以是个人提供供应，分享给个人的同时也分享给企业。

在线教育共享平台 Loursera 公司，就是将高等院校盈余的教学资源，通过网络分享给任何渴望知识传授的个人，然后个人之间通过 Peer Assessment（学生间的相互审阅）等功能还可以继续分享知识与见解。这里的供应方既包括了教育机构也包括了个人。

专业共享服务平台 Upwork 公司，就是充分利用个人的程序开发技能，通过网络为其他个人解决编程上的问题，或者为企业开发应用。这里的需求方同时包括了企业与个人。

在本研究中，只要供应方与需求方不全都是企业，我们就称为 P2P 模式（当然，目前 P2P 模式下绝大多数参与者都是个人）。后面要讲的 B2B 模式，则特指供应方与需求方均为企业的模式。

P2P 模式相对于 B2C 模式，无疑更像是一场创新革命。同样以共享租车企业为例，不同于 B2C 模式下的 Zipcar 公司，我们来看一下 Relay Rides 公司的 P2P 生意经。

Zipcar 公司诞生后，曾有媒体赞叹其"完美诠释了共享经济的核心价值"。但

Zipcar 公司在做大后面临一个难题：不仅要维护保养庞大的车队，还要支付巨额的停车费和车辆保险费，直到 RelayRides 公司的出现。

RelayRides 公司成立于 2010 年，彼时正是 Zipcar 如日中天之际。但是其创始人舍比·克拉克（Shelby Clark）认为，"汽车是不断贬值的，而且每辆车有 92% 的时间都处于闲置中。尽管大部分时间处于闲置，车主却平均每个月仍需支付 233 美元来养车和还车辆贷款。如果我开一家公司，我为什么不去利用个人拥有的车辆，还要自己去维护一支庞大的车队呢？"

RelayRides 公司的出现，使得私家车车主可以在爱车闲置的时候租用给有需要的人，包括按小时租、日租、周租和月租，平均每月可以为车主带来 250 美元的收入。RelayRides 公司的经营模式很简单：车主通过租车来赚钱，想要租车的人可以灵活方便地租到车，RelayRides 公司作为中间方赚取服务费。对每一次交易中承租人所支付的费用，其分配比率为：车主获取 75%、RelayRides 公司获取 25%（其中相当一部分会用来支付保险）。任何私家车车主都可以在该网站上注册汽车信息，并进行出租。这样的话，RelayRides 公司就将 Zipcar 公司需要支付的庞大车队费用和停车费几乎下降为 0。

"车主和承租人在 RelayRides 公司上注册、寻找合适的交易对象；交易完成后，双方互评，提供信用参考"。这就是现任首席执行官安德烈·哈达德（Andre Haddad）的逻辑，他希望将 RelayRides 公司打造成一个"点对点的买卖平台"（Peer-to-Peer for buying and selling）。

当然不是每个人都可以租车，RelayRides 公司有一套严格的承租筛选规则。首先，承租人要注册详细的个人驾驶信息，RelayRides 公司通过当地的机动车管理局进行信息核查，在近两年内有过重大交通违规的承租人将被列入"黑名单"。通过信息核查后，承租人才能与车主联系，最后还要由车主决定租赁给哪位承租人。

简单地说，要想在 RelayRides 上租车，需要两个条件：一是要"靠谱"；二是要"投缘"。但对于承租人来说，RelayRides 公司旗下的车型超过 800 种，能极大程度地满足承租人对于喜好车型的个性化需要。根据统计，通过 RelayRides 公司租车的费用平均比通过传统租车公司要便宜 35%。

因此，Relay Rides 公司的 P2P 模式对 Zipcar 公司构成了有力的挑战，也对传统租车行业产生了巨大的冲击。不仅仅风险投资者，互联网公司、传统汽车企业也很看好这种模式。成立至今，RelayRides 公司已经接受了 4800 万美元的融资。

投资者除了风险投资基金，还包括谷歌与通用汽车公司。通用汽车公司除了投资之外，还利用自身的 Onstar 系统与 RelayRides 公司进行深度合作，装有 Onstar 系统的通用汽车车主可以直接在 RelayRides 上发布租车信息，并完成远程解锁、监控、定位、交付等功能。

目前 RelayRides 公司的业务范围已覆盖全美国 2 300 个城市。这家企业还在不断地通过业务创新进行扩张。从 2014 年开始，RelayRides 公司还与脸书达成合作。即使用户处于 RelayRides 公司暂时没有覆盖的城市，也可以通过脸书来租车。通过在脸书上广播你的租车需求（车型、时间段）来寻找你希望租到的车辆。

从 RelayRides 公司的案例，我们看到 P2P 模式解决了 B2C 模式中资产过重、灵活性受限的问题。更关键的是，P2P 模式实现了个性化的供应、个性化的需求、个性化的能力和供需曲线的完美融合，使得基于 P2P 共享经济的网络能持续地得到成长。

1. 个性化的供应

RelayRides 公司的车主可以根据承租人是否"靠谱"和"投缘"，来自由地选择是否将汽车出租；Uber 的驾驶员可以根据自己的时间与心情选择今天是否出行服务，以及今天是服务 2 个小时还是 4 个小时。在 P2P 模式下，每个个体都可以进行个性化的选择，这样极大地刺激了个体的参与度，也极大地提高了个体的主观能动性。

2. 个性化的需求

RelayRides 公司的承租人从超过 800 种车型中挑选自己中意的汽车，甚至是去尝试一些自己梦想但未曾拥有的颜色与型号；Airbnb 的房客可以根据自己的偏好，选择在巴黎旅游时，是住在蒙马特的小巷与画家为伍，还是住在塞纳河左岸毗邻大学城的老式公寓，是住在枫丹白露的古堡，还是住在巴比松的农舍，以此来满足自己对法国的一切想象。个性化的需求，都能在 P2P 模式下最大限度地得到满足，这是在 B2C 模式下无法想象的。

3. 个性化的能力

TaskRabbit 公司的用户可以根据自己的实际能力来接受任务，如，是帮别人跑腿送货，还是帮别人维修电器；Quirky 公司的用户可以选择参加 8 个专业组别中的任何一组，当然，结果是大多数人只会选择其中的 1 组，因为这是他们最擅长的。今日的世界是一个专业化分工越来越明细的世界，也是一个需要不同能力展现、组合、叠加的世界。P2P 模式提供了最好的展现个性化能力的平台，也提供了个性化能力间更好地进行协作的平台。

4. 供需曲线的完美融合

很多业务的需求是随着时间、季节呈波动性变化的。如对租车的需求，就跟旅游的淡旺季及是否节假日有密切的关系，并且需求本身的波动程度很大。通过共享经济的逻辑，就能够把供应端和需求端的曲线完美地融合在一起，更有效率地利用社会的整体资源。

著名行为经济学家，2002 年诺贝尔经济学奖得主丹尼尔·卡尼曼（Daniel Kahneman）在其著名的《思考，快与慢》（Thinking, Fast and Sow）一书中提到了两种思维认知模式："快思"与"慢想"。人类擅长于"快思"，像直觉反应、判断某些事物的好坏、通过某些模式来识别自己应该采取的行动等；但不擅长于"慢想"，像复杂的运算、茫茫信息海洋中的搜索、网络中不同事物的匹配等，而这些，恰恰是计算机网络技术可以快速完成的。所以，从某种程度上说，P2P 模式也是人类与计算机网络技术的完美结合，让计算机网络来进行信息搜寻与供需匹配，将结果传递给人类，由人类来完成其更擅长的事情。

P2P 模式充分体现了共享经济的理念与互联网尤其是移动互联网的优势，是一种革命性的商业颠覆。如同凯文·凯利在《失控：全人类的最终命运和结局》中所描述的，大量事物如果不加以刻意的外力控制，最终反而极有可能自发形成最为有序、最符合事物本质规律的生态循环。

因此，我们称 P2P 模式为新时代的创新。目前，P2P 模式热火朝天，将来也必然日新月异。从发展的眼光来看，P2P 模式绝对是共享经济的主流，是现在时，也是将来时的模式。

第三节　B2B，既有思维的变革

所谓 B2B 模式，就是供应方与需求方全都为企业。企业间可以通过某个平台，实现对企业闲置或盈余资源的共享与交换。B2B 模式已经开始兴起，而且我们相信肯定会不断增加。因为这种模式可以帮助企业简化资源，运作更敏捷；减少繁文缛节，更快速地应对市场的变化。

对供应方 B 端而言，企业可以快速摊薄固定成本，提高资产利用率；对于需求方 B 端而言，企业只需要支付他们所需要的服务，不需要投入大量成本，并且可以专注于自己的强项，更好地服务于自己的主要客户。B2B 模式的出现，使得过去难以触及的一些资源也可以被使用，如企业闲置的办公区间、富余的供应链能力、对某些通用业务流程的盈余处理能力，甚至是任务还未饱满的实验室研发力量等。

市场也对 B2B 模式的需求迅速做出了反应。在全球"独角兽"公司的排名中，有一家 B2B 模式的共享经济企业已经悄然攀上了第十位，估值已高达 100 亿美元，那就是 WeWork 公司。

在金融危机后，"共同工作、联合办公"（Co-Working）的现象逐渐在美国的初创型企业及小公司间普及起来，其主要原因就是初创型企业和小公司无力负担高昂的长期房租。

但是这种情况给予了亚当·诺依曼很多灵感。亚当·诺依曼童年时在以色列的农场长大，与很多孩子一起共同生活与劳作，因此对于共同工作、联合办公的概念有着深刻的体会。2008 年，他和另一位联合创始人米格尔·麦凯维一起将位于纽约的一处闲置楼盘改造成了一个可以"拎包入住"的办公空间，取名绿色书桌（Creen Desk）。他说："我们两个都很热爱房地产行业，在经济危机时，有许多大楼是空着的，也有许多人变成了自由职业者，或者开始创业。我知道肯定有种方法能把两者联系起来。"一年后，绿色书桌已经出租了100多个工作空间。虽然收入不错，但两位创始人对绿色书桌提供的很多服务与配套设施并不满意。于是，他们出售了绿色书桌，并将获得的收益用以创建新公司WeWork。

与绿色书桌相比，WeWork公司更胜一筹的是良好的用户体验与高质量的服务。室内设计是WeWork公司成功的要素之一。WeWork在风格上颇下了一番工夫，避免办公区域有一种大公司的感觉。随处可见的是由玻璃隔开的办公区、会议室、咖啡间、柔软的沙发，还有充满质感的墙壁与天花板。米格尔·麦凯维认为，这种工业化的风格成本低，在带来高效工作环境的同时，更易于人们交流，极大地提升了用户体验。

不仅如此，每个WeWork公司名下的建筑内都拥有各自的内部网络，以供会员交流，WeWork公司的目标是让这些线上的沟通最终转化为线下的联系。除此之外，WeWork公司每周还组织活动，邀请业界"大佬"前来答疑解惑，举办专题研讨会，还有很重要的一点，就是在所有的办公区域内，咖啡和啤酒是永远免费供应的。

在收费方面，WeWork公司提供了三种不同的服务，分别是月收费45美元/人的"初级版"，95美元/人的"进阶版"和350美元/人的"无限量版"。三种收费方式的不同之处在于可以使用办公区域的时间，并在会议室租赁以及工作信件签收等方面有所差别。无论是初创公司、小型企业，还是自由职业者，都可以按照自己的需求在线预订。除此之外，如果希望长期在同一位置办公，他们可以选择租下一个工位或者一个办公室，价格根据城市和地点的变化会有所不同。WeWork公司的价格相对于周边并不便宜，但没有令客户望而却步，毕竟，WeWork公司带来的分享价值，远远超过一般办公空间的服务。

目前，WeWork公司的客户已经超过25 000家；在办公地点上，WeWork公司在2013年底仅有9处办公地点，一年后已经达到了21处，2016年三月份已拓展到80处。早在2014年12月，WeWork便已经入驻了美国最大的10个城市和欧洲的4个主要城市，营业收入达到了1.5亿美元，利润率达到了30%。由于这种承租闲置地产、快速升级改造物业，再分享空间出租迅速回笼资金的B2B共享经济轻资产模式，WeWork公司迅速受到资本市场的青睐，截至2016年9月，在全球"独角兽"公司排行榜上已经名列第九位。

除了办公室租赁，其他领域还涌现了大量的B2B模式共享经济企业。荷兰的Floow2公司是一家专注于共享供应链能力的企业。Floow2可以帮助企业分享其在供应链主要环节上的资产，包括机器、货车、工作人员、办公设施、流程管理等。Airbnb也开始推出面向企业的B2B服务，如Airbnb Business服务等。

B2B 模式是基于 P2P 模式的思想发展而来的，供需两端均为企业。我们将其单独作为一种模式来讲述，是因为 P2P 与 B2B 模式存在以下两点不同。

1. 交易的持续性

P2P 交易很大程度上是一次性的，你今天得到 Uber 这个驾驶员的服务，明天得到的可能就是另一个驾驶员的服务。但是，B2B 模式下供应方与消费方的关系会更持久，一旦供需实现匹配，关系就会持续一段时间。例如，我的公司租用了 WeWork 公司的某处办公场所，很大概率上我在一段时间内不会搬迁。其根本就如上述案例所说的那样，是良好的用户体验和高质量的服务，甚至是更多的增值服务。P2P 模式下存在大量的一次性交易情况，但 B2B 模式下如果用户的体验不佳、对服务不满意的话，业务就很难持续。

2. 流程的复杂性

企业与企业的对接需要更严格的流程与商务方面的支持，如对合同签订的规定、对发票与报表的要求、对保险的需求等。像 Airbnb Business 服务就附带一系列商务支持工具，包括提供给企业的报表工具、与企业签订合同后价格变化的自动提醒、多种符合企业需求的付款方式等。

当然，B2B 模式是对 P2P 模式的进一步延伸，从商业模式的本质而言，并不是革命性的创举。只是将双方扩展到了企业对企业的层面，突破了原先企业对自身资源的保护与垄断的既有思维，为企业专注于核心、更加敏捷地运营提供了可能。

因此，我们称 B2B 模式为对既有思维的变革。但是，需求方这一端为企业，也决定了大量需求的复杂性和供需匹配流程的高成本。WeWork 公司的成功在一定程度上其实是因为租客多为小微企业及初创公司，需求简单，模式容易复制。B2B 模式真要进入更广泛的行业，还需要不断地实践与创新。

因此，从发展的眼光来看，B2B 模式更多地体现为共享经济的将来模式。

第四节　多元化的盈利模式

共享经济不但其涉足的行业领域非常广，其盈利模式而且是多元化的。根据我们的分析，已经在实施的有十多种。如果将其分为按交易收费、会员制、免费、其他四大类的话，其中 84% 的集中在按交易收费与会员制两大类，如图 5-1 所示。

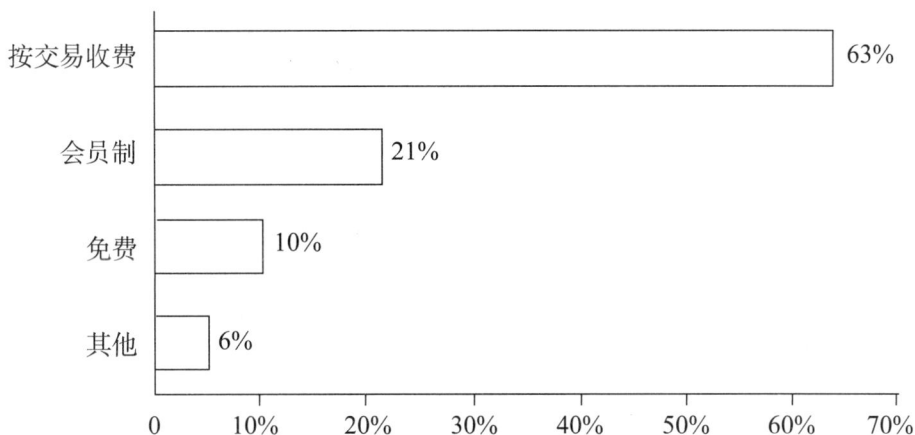

图 5-1 共享经济领域主要的盈利模式

一、按交易收费模式

共享经济的特征之一就是强调使用权而非所有权。共享经济平台同时连接了供应方与需求方这两边的群体，当需求方（用户）有需要的时候才去平台寻找并付费使用资源。因此，作为提供资源并促成交易匹配的共享经济平台，会从需求方的资源使用费用中抽取一部分作为收入，共享经济平台还有可能选择从供应方获得的收益中也抽取一部分作为收入，即共享平台可以选择单边还是双边收费。

此外，收费的模式还可以分为按比例抽取的模式或固定收费的模式，以及按固定比例抽取或按浮动比例抽取的模式。这样的话，按交易收费模式可以存在多种不同的场景，如图 5-2 所示。

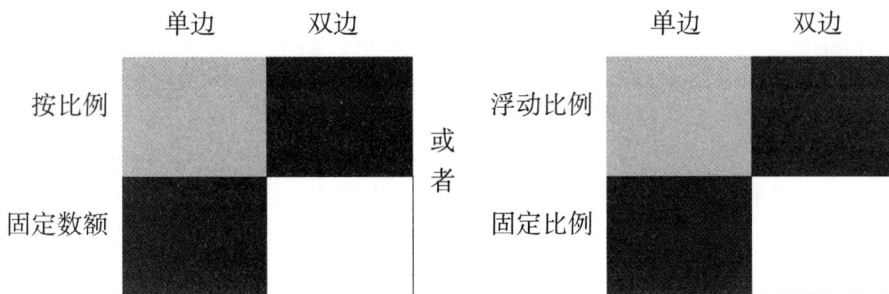

图 5-2 按交易收费模式区分的不同场景

那么究竟是单边还是双边收费或者对两类用户群体收费的高低如何决定，主要取决于①网络效应；②价格弹性反应；③多地栖息的可能性。

所谓网络效应，指的是当某一群体有越来越多的用户加入时，就会吸引更多的用户加入；如果一旦收费或者提高收费，就将损害用户群体的增长。网络效应可以分为周边网络效应与异边网络效应。周边网络效应指的是当越多的属于某一边群体的用户（如供应方）加入时，在该边的每位用户的效用都会增加；异边网络效应指的是当越多的属于某一边群体的用户（如供应方）加入时，在另一边群体的用户（如消费方）效用会增加。

所谓价格弹性反应，表示当一项商品或服务的价格变化时对用户数量的影响。高价格弹性反应指的是当收费提高时，有参与意向（包括供给与消费）的用户数量会以乘数级下降；而当收费降低时，有参与意向（包括供给与消费）的用户数量会以乘数级上升。因此，那些价格敏感的以及容易受到竞争对手低价或免费策略吸引的用户群体更容易流失，而且这种流失会产生网络效应，导致更多的同一边或另一边用户群体的流失。

所谓多地栖息的可能性，指的是某类群体可以驻扎在数个相类似的平台中，提供类似的服务。他们可以轻易地从平台 A 跳槽到平台 B，导致反向的网络效应，引发恶性的价格竞争，甚至导致平台的倒塌。因此，对于可能多地栖息的用户群体，就不仅仅是考虑收多少费的问题，而是要考虑比另一类用户群体少收多少费、要不要收费，甚至要不要补贴的问题。

而究竟是按比例抽取还是固定费用，或者是按固定比例还是按浮动比例收费，则取决于①服务付费的标准化程度；②供需关系的波动性。若服务标准化，且用户付费的标准也相对固定，则按固定比例或固定数额收费的方式都可以考虑。若商品或服务的供需关系波动大，则在需求高峰且资源供给紧张时会导致供应方的出价及需求方的支付意愿（Willingness-to-Pay）都大幅度上升，这时应该采取按比例收费的模式，并在按比例收费的情况下，考虑是否浮动，这样共享经济企业才能在最大程度上对价值进行捕获。下面通过 Airbnb 收费模式的案例分析，来进行更深入的理解。

Airbnb 采取双边、按比例、按交易数收费的模式。针对每笔成功的交易，对于客户，在房屋列表价格之上再增收 6%~12% 的费用，称之为服务费；并采取逆向方式，即若成交额大，则比例低，如 6%；成交额小，则比例高，如 12%。根据不同国家地区的法规，可能还会征收额外的增值税（VAT）。而对于房主，则收取房屋列表价格 3% 的费用，称之为房主服务费。

假设一位客户在 Airbnb 上预订了一晚的住宿，该住宿列表价为 120 美元。按照 Airbnb 内部规定，这个预订价格应从客户边再增收 10% 的服务费，即最后客户付出 120 美元 ×（1+10%)=132 美元（为计算方便起见，假定不含税），房主得到了 120 美元 ×（1-3%)=116.4 美元，Airbnb 自身从中获得了 120 美元 x（3%+10%)=15.6 美元。若这位客户预订的是 240 美元的住宿，该价格较高，Airbnb 应从客户边收取的服务费比例下降到 6%，则最后客户付出 240 美元 ×（1+6%)=254.4 美元（不含税），房主得到了 240 美元 ×（1-3%)=232.8 美元，Airbnb 从中获得了 240 美元 ×（3%+6%)=21.6

美元。

通过这个案例我们可以看到，Airbnb 采取双边收费的模式，但是向房主收取费用的比例明显低于向客户收取费用的比例。这就是因为我们前面讨论的多地栖息的可能性。好的房主资源是 Airbnb 平台上最有价值的部分，但他们也可以选择将房屋信息放在别的网站上。如果这部分资源流失到 Airbnb 的竞争对手那边，那对 Airbnb 的打击将是致命的。所以 Airhnb 不可能从他们那边收取更高的费用。因此，Airbnb 向房主非常透明地表示，这 3% 的服务费用主要用来承担交易支付和平台展示的成本。由于向房主收费低廉且合理，所以房主愿意将优质资源在 Airbnb 平台上进行展示。根据网络效应，这些资源能吸引越来越多的客户，客户的快速增长反过来又能吸引更多的房主资源，从而步入了一个正向反馈。以此引申，对于类似 Airbnb 的初创企业，可以考虑采取不向房主收费甚至补贴的方式来吸引更多、更好的资源。

而对于客户，Airbnb 的收费比例和逆向收费机制也别有玄机。首先，6%~12% 的服务费比例，与很多酒店相比并不算高，况且客户也能够理解这是对体验另一种住宿文化而付出的溢价；其次，房屋列表价越高，相应的服务费比例越低，则很好地体现了我们之前讨论的价格弹性反应，让客户产生一种奇妙的心理感觉，仿佛自己得到的多了，额外付出的反而少了，从而刺激客户的消费。

通过 Airbnb 的案例，我们可以更好地理解在按交易收费模式中，如何选择向单边或双边收费、收费是否应该固定等议题。

有意思的是，关于前面我们谈到的网络效应的产生，可能不仅仅由是否收费所决定，很多时候还会取决于用户的心理行为。下面，我们可以从两个共享金融服务网站 Kickstarter 公司与 Indiegogo 公司的不同收费机制设计来看出其中的奥妙。

2013 年，Canonical 公司计划在一个月内通过 Indiegogo 公司的平台筹集到 3200 万美元，打造一款史上最华丽的手机—Ubuncu Edge，一部搭载安卓和移动版乌班图（Ubuntu）系统的双系统手机，更重要的是一部想要整合手机和 PC 的超级移动设备。最后，Ubuntu Edge 总共筹集到了 1280 多万美元。这是一个众筹领域的吉尼斯世界纪录，但可惜连最初目标的一半也没有达到。当时，业界就有人评论，要是 Ubuntu Edge 放在 Kickstarter 平台上筹集资金可能结果就不一样了。

Kickstarter 公司成立于 2009 年，而 Indiegogo 公司则在更早一年成立。两者模式颇为类似，以众筹的方式，帮助有需要的项目募集资金，并会按项目向项目发起方（需求方），按募集到资金的数额收取一定比例的费用。Kickstarter 公司采取的是"全部或没有"（All or Nothing）的模式，也称为固定众筹模式（Fixed Crowdfunding）。即项目发起方需要设定一个在多长时间内募集到多少金额的目标，若目标没有完成，则项目发起方募集不到任何资金，Kickstarter 不收取任何费用；若目标完成，则 Kickstarter 收取募集到资金 5% 的费用。而 Indiegogo 公司采取的是浮动众筹模式（Flexihle

Crowdfunding）。同 Kickstarter 一样，项目发起方同样需要设定一个目标，若目标没有完成，则 Indiegogr 公司向项目发起方收取募集到资金 9% 的费用；若目标完成，则 Indiegogo 向项目发起方收取募集到资金 4% 的费用。

Indiegogo 公司的意图很明显，鼓励项目发起方根据项目的实力及需求，规划一个合理的募集目标。过高的募集目标会导致额外的成本。而 Kickstarter 公司的机制则显得更为极端。

相比较，很多人从项目发起方的角度出发，可能会考虑使用 Indiegogo 公司，毕竟通过 Indiegogo 公司不会一点资金都募集不到，虽然有可能会支付更高比例的佣金。但是，从投资方（供应方）的角度出发，由于处于投资方的很多用户都不是专业投资人士，他们会产生两个想法：①如果这个项目真的不好，我还是希望不要掏钱为妙；②如果大部分人都不看好这个项目，我的风险可能真的太高了。而像 Kickstarter 这种"全部或没有"的模式就给了投资方一定的保证。一旦未达到募集目标，已计划出资的投资方也因为很多人的不看好而不必出资。更进一步，对于真正有雄心的项目发起方而言，这种机制也给了他们一个很好的故事，以鼓动他们的家人、朋友、团队甚至出资人来支持他们——"我的创意非常好，我相信我的目标可以达成，所以我选择了'全部或没有'的模式。"大有"不成功则成仁"的意思。

那么到底哪种模式更吸引人呢？经过 6 年的发展，从当初两家几乎同时成立，并驾齐驱，广受市场好评，到现在至少从数字上已能分出区别，如表 5-1 所示。

表 5-1　Kickstarter 公司与 Indiegogo 公司众筹项目数字与金额比较

	Kickstarter 公司	Indiegogo 公司
总项目数	1 10 583 个	44 498 个
成功募集项目的金额	7.51 亿美元	1.93 亿美元
未成功募集项目的金额	8300 万美元	7100 万美元
成功募集项目比例	44%	33%

数据来源：互联网新闻与评论网站 Mediunucom（2015）。

从表 5-1 可以看出，Kickstarter 公司无论是业务规模还是项目的成功募集比例，都高于比其早一年成立的 Indiegogo 公司。当然，这种差异可能是目标用户群体不同引起的，也可能是专注的项目领域不同引起的，还可能是运营效率不同引起的。由于这两家均非上市公司，我们无从得到更详细的信息。但我们认为，至少两者的收费模式机制不同产生了相当大的影响。Kickstarter 公司的模式可以吸引到更多的投资方，投资方数量的聚集能吸引更多更好的项目参与，于是又吸引到更多更大的投资方，形成了一个良性的正向反馈，从而帮助 Kickstarter 公司领先一步。

其实，如果我们对比一下共享经济与传统互联网经济按交易收费的比例，就会发现共享经济的收费还是相当低的。表 5-2 节选了部分共享经纪公司与传统互联网公司的按交易收费比例的信息。

表 5-2 共享经济与传统互联网经济按交易收费比例比较

	企业名称	按交易收费比例	说明
共享经济	OpenTable	1.9%	根据业务情况估算
	HomeAway	2.5%	根据业务情况估算
	Upwork	10%	基于所有任务总和价格的 10%
	Airhnb	约 11%	房主：扣减 3% 客户：加收 6%~12%
传统互联网经济	亚马逊市集（Amazon Marketplace）	12%	不同品类估算值不同，在 6%~15% 之间
	Priceline（全美国最大的在线旅游服务网站之一）	18.5%	根据美国证券交易监督委员会存档的财务数据（10K 表）估算
	苹果 iTunes	30%	来自企业价目表
	Groupon（全美国最大的团购网站之一）	38.2%	根据美国证券交易监督委员会存档的财务数据（10K 表）估算

数据来源：创业投资新闻网 MAbovethecrow.icoro。

上面的数据给予了我们三个启示：①共享经济模式，因能体现去中心化、去中介化的思想，从而更好地减少了中间利润，让利于双边用户；②不排除刚刚兴起的共享经济，为了吸引更多的用户，刻意保持低收费的模式；③正如亚马逊创始人杰夫·贝佐斯（Jeff Bezos）所说，"你的利润就是我的机会"（Your margin is my opportunity）。在可预见的未来，共享经济会更加猛烈地冲击传统经济以及传统的互联网经济。

二、会员制模式

会员制也称一次性付费或者订购制（Subscription），指的是用户一次性支出后，可以在某一段时间内（可以按月、年等）获得约定数量（可以是无限量的）的商品或服务。随着商业形态的不断变化，其又可以分为普通会员制、会员制 + 使用收费和层级式会员制模式。

1. 普通会员制模式

普通会员制是最基本的会员制形态。用户在一次性按年、按月或者按其他时间段支付会员费用或订购费用后，就不用再支付其他费用便可获得所有的商品或服务。

Techshop 公司是一家共享创客企业。大量的创客玩家在 Techshop 公司提供的平台上共享设计软件、测试软件、相关设备与装置、3D 打印设备，并且可以互相分享设计和创意的心得与经验。用户只需要支付 99 美元的月费，便可在固定的创客空间工作站，无限使用 Techshop 平台上价值超过 100 万美元的软件与设备。而支付 12 000 美元，则可以终生无限使用。

此类普通会员制的收费模式，适合于边际成本较低甚至为零的共享服务。如上述 Techshop 公司，其分享的大部分是软件和电子设备，边际成本相对较低，可以承担大量的用户不限次数使用，所以用户也只需要一次性付费便可使用。

2. 会员制＋使用收费模式

顾名思义，会员制＋使用收费模式，就是在普通会员制模式的基础上，提供部分普通会员制享受服务范围之外的增值服务，而这些增值服务是需要额外收费的。大部分情况下是按交易及使用进行收费。

如上述的 Techshop 公司，在原有普通会员制基础上，又发展出了会员制＋使用收费模式。因为 Techshop 公司发现，很多在其平台上分享软件和设备，或者来使用这些软件和设备的创客玩家，本身可能就是一名在某些领域非常资深的人士。于是 Techshop 公司提供平台让这些资深玩家进一步分享其技能与经验，提供让其开课的机会，或者对入门玩家提供专家指导。但这些服务，是不包括在月费或年费服务范围之内的，需要消费方按交易或按使用再付费。Techshop 公司得到费用后，再以约定的比例或数额与提供服务的资深玩家进行分成。

还有一种会员制＋使用收费模式是指加入会员后，只是获得了进入某一社群的门槛，而其中的服务还是需要付费才能获得。

比如宝马推出的 DriveNow 服务，就属于这一种。要使用 DriveNow 服务，先要支付 29 欧元的一次性会员费。然后每次使用按分钟收费，每分钟为 0.29 欧元，其中包括了汽车使用费、汽油费、车联网设备使用费以及停车费用。号称全球第一家共享经纪公司的 Zipcar，使用的也是这种模式。

这种模式需要服务提供者具有强大的品牌号召力或独一无二的社群。DriveNow 服务依托宝马品牌，用户愿意支付这 29 欧元作为品牌溢价。而 Zipcar 公司则创建了一种独特的社群文化，让其用户觉得能够与朋友们一起分享各种车型是一件非常酷的事情，因此用户也愿意支付会员费以加入这个社群。

3. 层级式会员制模式

层级式会员制设计了不同的会员等级，不同等级的会员支付不同的费用，可以享受不同的服务或者得到不同的商品。这种设计有点类似于航空公司提供的白金卡、金卡、银卡（只是航空公司的客户忠诚度，会员不需要额外支付费用，只需积攒航空里程即可）。

在法国与英国运营的 Dim Dom 公司是一家专注于儿童玩具分享的企业。用户可以加入 Dim Dom 公司提供的平台，将自己闲置的玩具与他人共享，并使用别人分享的玩具。Dim Dom 公司采取三层会员制模式，会员费分别为 29.95 欧元（每三个月可拥有 5 个不同玩具的使用权）；34.95 欧元（每两个月可拥有 5 个不同玩具的使用权）；39.95 欧元（每个月都能拥有 5 个不同玩具的使用权）。

这种模式同普通会员制一样，由于没有额外地按使用收费，因此也需要较低的边际服务成本来支持。但是不同的层级给予用户更多的比较和选择权，从而覆盖更广的人群，包括那些价格敏感与价格不敏感的用户。

三、免费模式

免费模式来自著名的"剃刀—刀片"模式。这种模式有时也被称为"饵与钩"（Bait and Hook）模式或者"搭售"（Tied Products）模式，即厂家以低于成本的价格卖出耐用品，然后从那些与耐用品搭配使用的易用消费品上谋取利润。该模式最初由 19 世纪末的吉列公司所采用。当时吉列公司的创始人金·吉列（King Gillette）发现，由于售价过高，传统的一副刀架加若干把刀片组成的剃须套装产品难以被消费者所普遍接受，于是他将吉列刀架以 55 美分的价格低于成本价出售，而从与刀架搭配的吉列刀片中来弥补刀架的亏损。一把吉列剃刀一年下来平均需要更换 25 把刀片，从而为吉列提供了源源不断的收入。低价售卖的刀架能够刺激人们对于刀片的需求，从经济学意义上讲，刀架和刀片是一对互补品，而后者才是真正的利润来源。

后来的打印机产业与游戏机产业将这种模式继续发扬光大。打印机厂家使用极低的打印机价格锁定客户，然后通过易消耗高利润的墨盒获取利润。游戏机厂商则发现较便宜的游戏机售卖可以刺激用户对于游戏光盘的需求，同时也降低了消费者购买游戏机时的风险，而游戏光盘才是主要的利润来源。

到了互联网时代，免费的商业模式更是被发挥到了极致。在 2005 年阿里巴巴与 eBay 的那场著名的商战中，阿里巴巴率先宣布对淘宝追加亿元人民币的投资，并且淘宝将免费三年。对此，eBay 发表声明予以反击，"免费不是一种商业模式"。马云闻讯后哈哈大笑，"eBay 居然说免费不是一种商业模式！"果然，最后 eBay 败走中国。

通过免费模式吸引客户，跑马圈地，等筑起一定的壁垒后再开始收费，或者通过增值服务、第三方服务、广告等方式收费，开始成为越来越多互联网公司的选择。谷歌就一直是互联网免费策略的倡导者和实践者。不同于微软的版权收费策略，谷歌先后将图书馆、邮箱、地图、照片、办公软件等均提供免费服务，最后谷歌成了全球市值最高的 IT 公司之一。巨人、盛大等"游戏免费、道具收费"的策略也堪称典范，并引发其他网游公司纷纷跟进。最后在 5 年时间内，网游行业用户规模从 1000 万名增长到超过 2 亿名；收入从 20 亿元增长到 300 亿元，幅度超过 10 倍。

1. 免费 + 升级模式

在共享经济界，也有公司开始采用免费模式吸引客户，然后通过溢价的附加服务或增值服务来获取利润。例如，美国最大的母婴用品分享网站之一 Swap.com 并不直接向用户收取费用，用户可以免费加入，将待分享的商品信息和希望得到的商品信息放在网上，从而吸引大量的用户群体。成立短短两年，用户数已经超过 10 万名。但是，Swap.c.om 规定，为了母婴用品的整洁及不被损坏，用户必须使用统一规格的包装与运送，该服务为收费项目，由联合包裹（UPS）提供。然后 Swap.com 再与联合包裹进行分成。

2. 免费 + 衍生品模式

顾名思义，免费 + 衍生品模式即不向用户直接收取产生自共享经济平台服务的费用，但是利用用户共享的信息、知识、经验，开发出一系列的衍生产品。这些衍生产品针对更为广阔的目标受众，并向他们进行收费。衍生产品的收益，可以向原共享者提供分成。

非营利性的公益组织 TED 就是最早提出这种模式的共享平台之一。作为全球最有影响力的创意传播平台之一，截至 2012 年 11 月，TED 演说视频的浏览量在全球累计已经达到 10 亿人次。尽管 TED 本身是一家非营利性组织，但还是要为其雇员支付薪水，并存在大量的活动组织开销。除了来自基金会、企业、个人的捐款外，TED 还有一项主要收入来源，便是与 TED 的演讲者们一起开发出一系列 TED 书籍。这些书籍都是 TED 演说的精华部分，共分为艺术与摄影、建筑设计、人物传记与回忆、生物与生命科学、商业管理、经济学、收藏与展览、计算机科学、教育、环境保护、历史与哲学、娱乐与幽默、法律与人权、医药医疗、慈善与社会变革、心理学与认知科学、宗教与精神、空间科学等 20 个主题。此外，TED 网上书店同时还销售曾经在 TED 发表演说的公众人物的其他著作。

与 TED 类似，国内最大的知识共享社区之一是知乎，也在进行着同样的尝试。知乎的主打口号就是分享，"与世界分享你的知识、经验和见解"。但随着知乎规模的不断壮大，其盈利模式似乎并不清晰。曾经有业界人士揣测，知乎是否会采用用户付费提问的方式，但从目前来看，这种模式已经被否决。根据知乎的说法，人们分享其知识、经验、见解，是为了满足自我实现的价值，获取认同感，而非为了赚钱。用户付费提问的话，肯定会毁掉知乎基于认知盈余的企业哲学。

现在看到的是，知乎在摸索盈利模式的道路上尝试的是去开发衍生产品。这些衍生产品既包括知乎的系列纸版图书（如《知乎金融选修课：金钱有术》《创业时，我们在知乎聊些什么》等），也包括系列电子书（如知乎网上红人们的自选集），还包括知乎吉祥物刘看山的众多周边产品，从笔记本、手机壳，到杯子、T 恤等，一应俱全。关于这种模式能否成功，还有待时间的检验。

3. 免费 + 广告 / 电子商务模式

免费模式还有一种形式，那就是分享的资源本身不向用户收费，但通过引入广告等形式，向广告主进行收费；甚至直接开展电子商务业务。

跨境购物信息分享社区小红书就使用的这种模式，小红书上的内容都由极有经验的海外购物者生成，是真实的第一手购物信息及使用心得；小红书并不提供经济上的激励，只是鼓励他（她）们去自主地进行分享，通过打造一个真实而便利的PGC（Professionally-Generated Content，专业创作内容）平台，满足这些达人发自内心的分享欲。因为在平时生活中这些达人可能只是些普通人，但在小红书上他们就是意见领袖、某个领域的资深专家。同时，对其他的用户群体也均不收费，让每个人都能阅读到高质量的原创内容，并发表自己的意见，从而每个人都有机会把好的内容带给大家，将小红书打造成上万名"海淘达人"经验分享的平台。小红书真正收入的来源，是在其人气得到聚集的平台上接入的大量的品牌广告，以及同步推出的"福利社"专场购买活动。

我们相信，在提供信息分享的平台上，会出现越来越多这样的案例。此外，在前述几种模式中，很多公司为了抢占市场争夺用户资源，也会采取先免费的方式。

四、其他模式

1. 转售模式

转售模式与传统的二手商品交易网站有点类似。即用户将闲置资源放到平台上，平台向其支付费用，然后由平台再出售给其他需要的用户。

美国的Cazelle网站就采取的这种模式。这是一家提供二手手机与配件，以及电子消费类产品的共享交换网站，该模式与传统的二手商品交易网站的不同之处如下。

（1）供应方可免费将闲置商品寄送给Gazelle网站，由Gazelle根据实际使用情况进行估价，供应方认可后便可转售。

（2）供应方和消费方拥有该商品，Gazelle网站本身无库存。

（3）Gazelle网站对商品的质量提供保证。

（4）同时，Gazelle网站可以根据消费方的需求，将商品分解或者合并后进行转售。

因此，这是一种使用共享经济思维，更高级的二手商品交易模式，需要Cazelle网站具有极好的信用度，既能为供应方进行合理的标价，又能为消费方提供商品质量的背书，我们姑且也将其归类于共享经济的一种盈利模式。

2. 价差交换模式

该模式同样脱胎于二手商品交易网站。用户免费将闲置商品信息放入平台，并自行标价，但是标价与获得的收益都是平台自己的积分或虚拟货币而非实际货币。用户可以用这些积分或虚拟货币来换取自己心仪的来自他人的闲置商品。倘若用户手中的积分或虚拟货币不够，则可以使用实际货币向平台购买。目前，美国的Yerdle网站就使用了这种模式。

此外，Yerdle 网站之类的公司还可以进一步开拓自己的商业模式，创建一种与其他企业之间的积分共享模式，进行积分之间的互通互换，将积分流通起来，创造更多的价值。

3. 分成模式

还有一部分共享经济平台将自己的收入与用户的成功与否进行了绑定。只有用户实现了其价值，共享经济平台才会参与分成，获取属于自己的价值。而供应方也可以参与分成，或者从需求方直接得到回报。

如创客共享企业 Quirky 公司便是一个很好的例子。通过集合众人之力发明的创意，若能成功上市，则 Quirky 公司将对创意产品的销售收入参与分成。

创客共享企业 Quirky 公司的社群已有近 50 万名成员，这些成员都有可能成为发明家，并与 Quirky 公司一起分享发明成功所带来的收益。已经通过 Quirky 公司发明并上市的产品包括智能家居的各种设备、智能插座、连接苹果设备的音响、楼梯与滑梯的双用装置、电动牙刷、新型孵蛋器以及各类有新意的厨房小工具，如从西瓜中挖出冰棍形状的勺子等。每周 Quirky 公司都会收 2 000 余个创意，Quirky 公司会先挑选出 15 个，然后在"Eval"产品评估会上召集大家讨论并进行投票。Quirky 公司会从中选出 3~4 个创意，再与 Quirky 社群中的专家一起，基于这些创意开始产品化的行动，包括相关产品的具体设计和制造以及市场营销活动的定制。在成品制作出来后，会提供给零售合作商进行试销售，若试销售效果良好，则会正式上市。这些零售合作商包括塔吉特和百思买（BestBuy）等大卖场，以及 Fab 和亚马逊等线上商店。最近 Quirky 公司也开通了自己的电子商务平台和手机移动应用，消费者可以在平台上进行购买。发明者，以及对产品设计和品牌做出贡献的社群成员，都将与 Quirky 公司一起从产品收入中获得分成。

当产品成功商业化上市之后，Quirky 公司以批发模式销售给零售合作伙伴。获得的收益由 Quirky 公司与产品贡献者进行分成。其中 Quirky 公司获得 60%，产品贡献者获得 40%（包括创意发明者，在后续设计、制造等环节有贡献的社群成员）。除了分成外，Quirky 公司还从创意提交者处收取极少的费用。每提交一个创意收费为 10 美元，当然这笔费用与收益分成相比，是微不足道的。

通过这种事先不收取费用、成功后再收益分成的模式，Quirky 公司为创客们负担了大量的成本，包括信息传递成本（创客们仅需要支付 10 美元，相当于一笔邮费）、咨询成本、试错成本、改进成本、生产制造成本、销售及营销环节的各类成本等；并承担了大量的风险。也正因为如此，Quirky 公司可以吸引到一流的创客来分享他们的创意。

收益是可观的。迄今 Quirky 公司已经打造了 120 多种产品，本·考夫曼表示现在还有另外 200 种产品正在进行中，其中已经有 100 个通过投票评估，正在原型打造中。

Quirky 公司的营业收入从 2009 年的 6.2 万美元增长到了 2014 年的 1800 万美元，而 2016 年预计将达到 7 000 万美元。

这种模式也吸引了众多的风险投资，截至 2015 年 8 月，Quirky 已经融资近 1.9 亿美元，投资者包括目前硅谷风头正劲的 A162 风险投资基金。其合伙人，Quirky 公司的董事会成员司格特·魏斯（Scott Weiss）认为，Quirky 犄很快成为下一家市值超过 10 亿美元的"独角兽"公司。

由此可见，以 Quirky 公司为代表的分成模式，极好地解决了共享经济平台作为代理人，与用户作为委托人之间的契约关系问题，并通过透明化信息、承担风险、分享收益的方式，吸引到大量的用户参与。而目前在共享金融服务领域，也产生了新的股权众筹模式，即投资者可以获得一部分股权来分享收益。

4. 管理费模式

还有一种模式，多存在于共享金融企业，那便是管理费模式。即供应方会提供海量的高价值资源，这些资源需要得到精心的管控，方能保住价值；且这些资源需要能被合理地重新组合后传递到需求方手中。这样的话，共享经济平台需要投入大量成本来管理资源，因此会向供应方收取管理费。

像 Lending Club 等共享金融服务公司，便采取的管理费模式。根据 Landing Club 公司上市前的招股说明书，其主要收入来源由三部分构成，即交易费（对借方）、服务费（对个人及机构投资者）、管理费（对机构投资者及托管账户）。虽然未披露管理费明细，但根据市场推测，约为每年受托资产的 1%。相信随着共享金融 P2P 网贷的发展，会有越来越多的机构投资者加入，管理的资产规模也会更大，收取管理费的数额也会增多。

总之，B2C 模式体现了共享经济的基础理念——以使用权替代所有权。但同时也存在不少缺陷——强调以企业为中心，重资产，扩展能力受限，效率无法实现最优，因此，我们称 B2C 模式为对传统的改良。

P2P 模式充分体现了共享经济的理念，能更好地利用移动互联网的优势，实现个性化的供应，个性化的需求、供需曲线的完美融合，并体现了个性化的能力。

因此，我们称 P2P 模式为新时代的创新。目前 P2P 模式是主流。

B2B 模式则是对 P2P 模式的进一步延伸，以企业替代个人，突破了对原来企业的资源都自我垄断的思维，因此，我们称 B2B 模式为对既有思维的变革。

第六章 基于O2O视角的共享经济商业模式

第一节 理论基础及相关问题

一、价值网理论

（一）价值网概念

随着信息技术、互联网应用的不断发展，虚拟价值链不再是单纯的线性关系，而是逐渐演变成一种网络结构，也就是价值网。Adrian Slywotzky 提出，"由于互联网技术的迅速发展，市场的激烈竞争，顾客需求的日益多样化，传统价值链理论无法满足顾客的需求，阻碍企业进一步提升竞争力。因此，应将价值链理论转变为价值网理论来研究企业的价值活动过程。"价值网是对传统价值链上核心企业能力的集成所形成的网络化组织，在价值网结构中，可以把每个企业都作为价值网络的一个节点，每个节点包含了单个企业价值链的所有元素，以客户为中心，数字化供应链，从而高度匹配顾客满意度，为公司创造高利润率的新模式。

构建价值网要树立以客户为中心的观念。价值网是个动态的构建过程，价值网之间的价值成员更注重的是相互合作而不是恶性竞争。价值网成员间为了共同的最优化价值创造，秉承共赢的思想，而用户需求是整个价值网的核心价值所在。

（二）O2O价值网生态系统

O2O价值网生态系统包括消费者（需求方）、商家，消费者（供给方）、O2O运营平台、第三方支付服务商等要素。基于价值网O2O环境下的共享经济商业模式结构模型中，用户的供需匹配对接是整个价值网结构的中心，也是充分遵循"以用户为中心"的价值网思想。而线上运营平台整合了下线资源，进行闲置产能

资源再度整合，与第三方支付服务商合作，搭建了共享经济商业模式平台。这一整合平台成为消费者供需匹配的媒介，是此模型的核心。

将价值在整个价值网之间沿着价值传递路径进行合理的再分配，提供用户满意的

服务和产品，最终实现整个价值网的价值创造，实现各方共赢的目的。图 6-1 是基于价值网的 O2O 商业模式图。

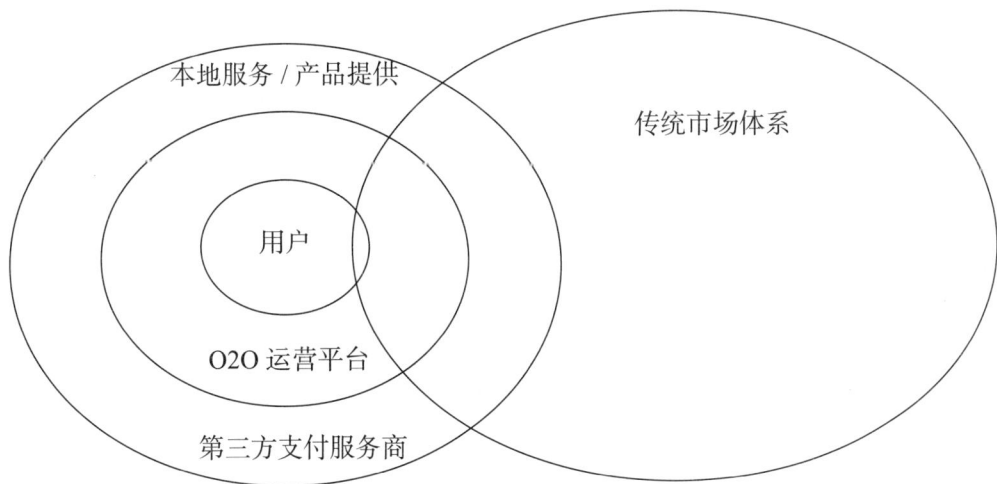

本地服务 / 产品提供

传统市场体系

用户

O2O 运营平台

第三方支付服务商

图 6-1　商业模式理论基础和研究综述

二、商业模式理论基础和研究综述

研究 O2O 环境下共享经济商业模式，首先需要明确商业模式的定义及内容，基于此，才能够更好地研究特定的共享经济商业模式，并进一步理解、分析和设计共享经济商业模式行为方式。因此，首先对商业模式的结构范围进行界定。作者在分析总结有关商业模式文献研究基础上，提出 O2O 环境下的商业模式应采取的分析架构，以及新兴的商业模式创新因素。

（一）商业模式概念

在经历了科技繁荣与萧条后，"商业模式"这一术语已被广泛且频繁地使用在信息技术和创业的文献中。此术语通常作为一种逻辑，用来形容一个组织如何运营并为股东创造价值。商业模式第一次在 21 世纪之交，出现在战略管理学术研究中，然而，从那时开始，学术界一直没能给此术语一个统一明确的定义。在近几年，学术界对于商业模式的概念、基础架构、管理框架等产生了大量的争论，观点和进程一直无法达成统一。由于商业模式没有达成统一的概念定义，产生了多种多样的观点，这都对未来商业模式的研究起到了推动和刺激作用。

商业模式的研究文献证实，商业模式概念由 Drucker 于早期的"企业论"引出的。Osterwalder（2005）提出"商业模式理论最早出现在 1957 年的计算机科学期刊中"。

Osterwalder（2005）在文献综述中阐述了商业模式。作者不仅站在多样化的理解和观点上对商业模式概念的定义进行阐述，还通过专业术语及本体论来描述商业模式。

Osterwalder（2005）认为，商业模式概念可以从以下几个领域进行定义：电子商务，信息系统（IS）、电脑科学和战略管理四个核心领域。通过对商业模式概念的调查研究发现，"商业模式"是2000年初（20世纪90年代末）初步兴起的新兴现象。

在过去五年中，商业模式的概念被重新定义，并有很大灵活性的发展。商业模式在传统领域之外已经有了多种多样的应用。在传统领域外，商业模式的运用最常见的为：电子商务公司，创业型企业，技术和产品创新公司，并且很多文献指出，商业模式概念作为一种战略管理工具，融合了企业战略的私营部分和社会企业发展的公众部分。

近期的文献研究显示，商业模式概念主要应用在三个主题性领域里：在电子商务和信息技术的应用；解决战略问题，包括价值创造，竞争优势和公司业绩；技术管理和产品服务创新。为了更好地理解商业模式定义，作者对不同层面的定义进行整理如下。

1. 电子商务观点

Ross等在IT业务领域，阐述了商务模式即为电子商务，是互联网上所有的商业交易和服务行为方式。认为公司将电子商务过程整合融合到公司传统的商业模式中，使得商业环境更加电子化，如万维网。Baden Fuller从科学的角度比较标度模型和角色模型，阐述了如何将业务通过分类学的理论进行划分。他们认为，商业模式在这方面研究不足，正如在经济学的数学模型建立在充分的科学的调查和咨询基础上，商业模式也需要建立一个有机生物体的科学模型。从这个角度来说，他们也将商业模式定义为"一种处方，在开放的变化和创新过程中的对模式的复制"。

2. 价值创造

Linder Cantrell和Christensen Johnson对商业模式定义中，将商业模式概念与组织的利润创造和金钱价值直接联系起来。Hamermesh在创业的背景下，定义商业模式为"以赚取利润为目的的核心决策和企业权衡的总和"。在这所涉及的企业决策和权衡分为四个方面：收益来源，主要费用，投资规模和关键的成功因素。Magretta提出一个"讲述一个好的故事"的叙事观点，认为商业模式是一种思维逻辑，从而获取有意义的利润和价值。Magretta基于上述观点和价值链基础，指出商业模式涉及一切与价值创造和价值交付的活动现象，如设计、采购、加工，以及与销售有关的所有活动，即发现目标客户，完成交易，分配产品或交付服务等。

3. 战略导向观点

从战略的角度，认为商业模式是一种战略选择和组织战略的战略工具。Shafer等人在研究中用他们的战略研究定义了商业模式，并列出了不同的组成部分，从而分为四大类：战略选择，价值创造，价值获取和价值网络。在此研究基础上，Shafer等人引入了商业模式概念，"商业模式代表一个公司最基础核心的逻辑和战略学，从而在价值网络中实现价值创造和价值获取"。Applegate 提出，商业模式的属性就是一个组织在特定环境中的独特战略，从而吸引资源，构建执行战略的能力，以及为所有利益相关者进行创造价值。近期的理论研究中，Mason Spring 提出了一个架构，这个架构以商业模式的三个核心的要素为基础：技术、市场和网络架构。在这个架构基础上，Mason Spring 阐述了一个观点，认为商业模式是一种框架手段，用来影响和塑造群体和个体活动，并揭示了在市场层面个体间活动是如何连接的，而这些活动会形成或成为组织战略发展一部分。

从以上对商业模式的所有观点可以看出，从不同的学者和文献背景的研究中，还无法对商业模式定义达成共识。尽管如此，我们还是可以看出一个普遍观点是，商业模式为了创造价值。

（二）商业模式的创新发展

在信息技术和互联网高度发展为特征的市场环境下，很多公司已经认识到，为了适应环境变化，必须采取措施，学习新的技术和知识，根据环境的变化而变化，改变自身的商业运作模式和价值创造方式，否则就会被科技创新的大浪潮所淹没。在网络信息技术迅速发展的时代，危机和机遇是对等的，竞争力也相应增加，公司面对新的电子商业模式，新的社交网络的兴起（Facebook，微信，微博），新的商业模式（B2C，C2C），新的支付方式（电子支付，手机钱包）等，会有迷茫，很多企业已经无法逃避商业模式的改革和创新趋势这个问题。

商业模式有结构和动态两个关键特征，可以被看作是一个不断发展的，新兴的系统。许多学者研究认为：在更广泛的 IT 和 ICT 领域，产业模块化和产业融合等技术变化不但推动了美国、欧洲国家和日本相关企业的商业模式创新，而且商业模式创新有助于企业在更大程度上获得技术变化所带来的收益。此外，项国鹏和周鹏杰从新技术市场化推动力、商业环境压力、市场机会拉动力三方面，对已有文献在商业模式创新动力方面的研究进行了深入探讨。

（三）O2O 创新商业模式

O2O 的概念最早由 TrialPay 的 CEO 和创始人 Alex Rampell，于 2010 年 8 月提出，在分析团购公司 Croupon、在线点餐 OpenTable、Restaurant.com 和 SpaFinder 公司时，发现了它们之间的共同点：它们促进了线上—线下商务的发展。将 O2O 定义为"线上—线下"商务（Online to Offline，简称 O2O），其核心是支付模式和线下门店客流量的一种结合，实现了线下的购买。换句话说，通过网络平台上寻找消费者，然后将他们引导到现实的商店中消费。

信息的不完全和信息不对称，都是阻碍产品供需和产品"意义"实现有效匹配和对接的因素。实体商业中最常见的商业活动就是通过定期变动商品的数量和价格，来获知市场效果。O2O 形式的出现，继承了传统电子商务网络平台信息传播优势，同时突破地域的限制，加深了与本地实体消费的对接，全面传递产品信息描述，从而吸引顾客，同时作为消费者进行商品选择和价值判别的工具，最后实现有效和准确的交易环节。这种方式不仅节约了企业的重复性介绍和销售的过程，还帮助消费者在进行消费之前，不局限于时间地点进行商品的浏览和选择，优化了消费体验。

与传统电子商务采取的"电子市场＋物流配送"的模式不同，O2O 模式采用的是"电子市场＋本地消费"。前者（传统电子商务）侧重网络购物，商品的所有权转移是通过物流的配送系统完成的，但是消费者往往无法在购买前通过触觉、嗅觉、试用等进行购物体验；O2O 模式恰恰改善了这点，先通过线上平台的全面信息查看对比选择，大范围地有目的地选择并获取商家线上提供的优惠券，且满足了消费者的购物体验环节，将消费者定位到最近或周边的实体店中去，亲自体验最后一步，决定是否购买，并且现在已经慢慢发展到，将线上线下的通道打通，这样的话，消费者如果最后决定体验完后不马上购买，也可以后期再回到线上完成购物，并送货到家，线上支付，评论推荐，完成整个闭环的线上线下协同消费模式，如图 6-2。

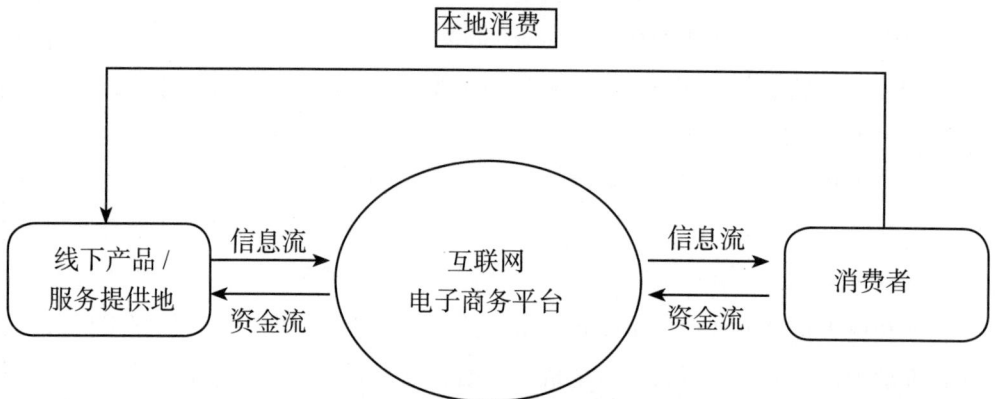

图 6-2　线上线下商业模式

O2O 模式要符合三个特征。第一，一切以用户为中心；第二，互联网的思维；第三，完全打通的线上和线下平台。基于 O2O 视角的四流分析中，商业流与服务流通过线下完成，而信息流与资金流则通过线上实现。O2OPark 自组织创始人张波认为，O2O 不在于线上或线下，而在于线上线下的互动。企业在 O2O 这种虚实互动的商业模式下，专注于碎片化渠道＋个性化内容组合成各式互动精准的社会化营销，最后通过互动形成粉丝社群，才是 O2O 的关键。

作者通过整理，线上线下的模式主要有以下四种运作模式，如表6-1。

表6-1 O2O四种运作模式

模式	过程	典型
先线上后线下模式	（互联网企业多采取这种模式）线上平台＋资源流转化，通过线上线下互动，将实体的服务产品商业流引导到平台上完成交易，且用户又可以享受到线下的用户体验	腾讯构建线上线下平台生态系统；典型的应用有：微信平台下的大众点评，嘀嘀打车
先线下后线上模式	（实体企业为主多采用这种模式）企业线下平台＋线下营销＋将用户导入线上平台商业流，促使线上线下互动并完成整个支付交易的闭环	苏宁云商所构建的O2O平台生态系统。苏宁云商提出"电商＋店商＋零售服务商"运营模式
先线上后线下再线上模式	（团购、电商等企业）先线上平台营销＋引导用户到线下享受服务体验＋引导用户回线上完成交易及消费体验	京东的O2O生态链条，京东商城和实体店进行物流合作，但又通过自身的线上平台去引导消费，并最后回到平台完成全部交易
先线下后线上再线下模式	（本地生活服务类O2O企业）先搭线下平台＋借助第三方网上平台交易＋线下用户体验	消费者通过第三方平台或者应用，如大众点评，找到线下餐饮门店，用移动端支付完成，通过序列号在实体店享用服务

著名家电产业观察家，评论家秋实提出，"目前已经布局O2O模式的企业大概分为三类：一是渠道型企业，二是实体型企业，三是互联网型，电商型企业"。渠道型企业（如国美、苏宁），遍布全国的线下实体店拥有海量的用户群，后期培养线上平台的用户习惯即可；实体企业（如TCL、海尔、海信），在实体销售中也拥有海量用户积累；而平台型企业（如京东、腾讯、阿里），在线上平台培养了活跃的海量用户群，培养了用户交易平台消费行为和良好的用户黏性及用户体验。

由于在技术上，线上应用平台不断进行技术的发展和突破，如线上安全支付系统、移动通信技术、信息交互技术不断地成熟，并且技术本土化发展，在购物流程中各主体之间的互动方式和消费行为发生根本性的变化。所以，可以认为"线上线下O2O"平台整合是对商务活动利益相关者互动机制及商务活动流程的一次创造性发展。

（四）SoLoMo概念

社交（social）＋本地化（local）＋移动（mobile）的"SoLoMo"概念是由风险投资人约翰淞尔（John Doerr）在2011年第一次提出的。当代学者指出移动营销是"O2O"的后继发展方向和趋势。摩根士丹利的分析师Mary Meeker也曾预言，"移动互联网将迅速超过桌面互联网"。因此，移动互联网也会加速线上线下平台整合的趋势。

SoLoMo 的产生离不开以下因素，首先移动无线网络技术的发展，移动智能终端的信息能力日新月异，针对定位的营销变为可能，此外，手机上网的移动网民大幅增加。借助移动网络可以更好地对接本地化服务，也是商业模式发生变革的创新因素。

SoLoMo 把社会化网络社区，本地实体服务和移动营销三者进行结合，是商业模式的创新因素，将社会资源紧密地联系起来，闲置资源和供需需求可最快速地得到匹配，并与本地的服务进行对接，是共享经济发展的关键推力，没有哪个时代可以同时具备这些条件和要素，这也是推动共享经济商业模式可以迎来一个巨大市场的春天的基础。

三、共享经济商业模式理论研究

（一）共享经济的定义

综合前文所述，让我们回顾一下共享经济的定义。共享经济是新兴商业模式，但到现在为止，各位学者在定义上未能达成一致，在很多问题上，如它主导的商业领域是哪些？它对于社会意味着什么？甚至连它的实施界限和范围也没有准确统一的答案。这种迷惑不仅仅成为学者和哲学家思考的问题，对于政府而言，共享经济商业模式也有很多方面需要考虑评估，例如，培育发展哪些企业，如何规范此种商业模式，以及需要禁止和取缔哪些形式。与此同时，对于大型传统公司而言，还不确定共享经济是机遇还是威胁，对于个体的参与形式也是变化多样的。

"租赁"术语的含义成为"拥有"的新式表达，当你能用便宜的价格从别人那里租用到你所需的物品时，你就没有必要去购买并拥有它，更何况有些东西对你的价值仅仅是一次。线上服务使人们可以方便地共享车辆、住宿，甚至是更小的商品，如自行车、家电或其他可以并易于交易的物品。

近些年来，许多企业慢慢开始充当物品所有人和潜在租客的媒人。如 RelayRides，是一家提供私人汽车租用的平台，或者说 Airbnb，是帮助个人之间出租空余房间的平台。这些企业涉及那些需求重新配置资源的领域，同时收取部分费用作为运行成本和回报。

这些所谓的对等网络租赁服务不仅为商品所有者提供了额外的收入，同时也为需求者和使用者提供了更便宜方便的服务选择。偶尔的商品服务租用模式比在市场上购买或传统租用方式（传统的汽车租赁公司或酒店）都便宜了很多。

移动技术的出现有助于发展超高效率的市场，这个市场允许我们共享世界上其余的任何东西。互联网与移动业务相结合，使得供应和需求的连接更加低成本和便捷。例如，智能终端，GPS，地图和卫星定位等可以帮助我们发现附近可出租的房子和可租赁的车辆。社交网络和用户推荐系统促进了信用机制的建立，智能网络账户和电子支付系统提供了方便的交易和发票方式。这些服务促进了陌生人之间信用机制的建立，而信任是出租和租用之间最关键的要素。这种服务的出现促进了一种特定的生活方式，并将这种方式定义为"轻资产生活方式"（asset-light lifestyle）、"协作消费"（collaborative consumption）、"合作经济"（coUaborate economy）、"对等经济"（peer economy）、"开放经济"（access economy），以及"共享经济"（shared economy）。

共享经济的概念已经在各个领域的活动和组织中得到不同程度的发展。它建立在"社会经济生态系统，关于人与物的资产共享"的理念基础上。它涉及不同的人员和组织，并实现创新共享，生产共享，分配共享，贸易共享，消费共享以及服务共享。

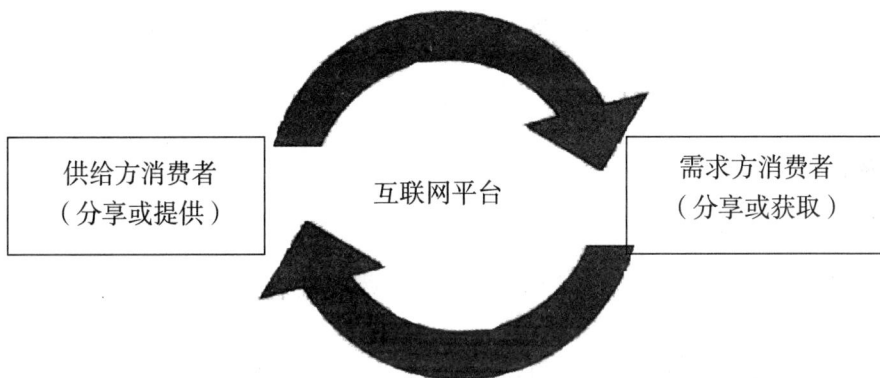

图6-3　共享经济消费模式

作者通过搜索整理，将学术界现有的几种观点进行描述。

协同消费（collaborative consumption），是最先用来描述这种新经济商业模式现象的词汇。起初在1978年由Joe Spaeth和Marcus Felson提出，Rachel Botsman和Roo Rogers重新定义了这一概念，出版了一本书《我的就是你的：合作消费正在如何改变我们的生活》《What's Mine is Yours：How Collaborative Consumption isChanging the Way We Live》预示并揭示了这一新的经济模式的到来。提出协同消费将不仅仅停留在消耗这个层面：认为更多的是关于协同生产以及更深层次。

对等经济（Peer economy.P2P），此术语被用于个体对等经济（Peer-to-Peer）商业模式中，这种商业模式让人们通过组织提供的开放平台进行交易，包括出租，出售，出借或分享的东西，并且不涉及任何实体商店、银行和代理机构的参与。所以，这也并不能涵盖整个共享经济，但此经济形式更好地与电子商务相结合，如B2C，B2B，甚至是C2B商业模式。

网格（mesh），是Lisa Gansky在2010年首次提出的一个术语，指出数字技术为人们提供了获得商品和服务的新奇有趣的方式。这个概念不仅与共享经济有着不可分割的联系，重点是它涉及了更多的社交网络现象如 Facebook 和 Twitter。

信息经济（衍出经济），Gig Economy，是合作消费的一个重要的子集，这种新的平台提供了灵活的工作，新的平台，如在线移动的市场平台 TaskRabbit（外包给社区邻居一些小范围少量的工作）和搭车共享平台 Lyft。但是，共享经济不仅仅涉及劳动和报酬的交换。除此外，还有一些不以盈利为目的的网站，让人们可以获得闲置商品或服务的交换交易。

开放经济（access economy），这一术语由 Jeremy Rdkin 提出，第一次出现在和 Kevin Kelly 的合作著作中《开放时代》（The Age of Access），专注于共享经济商业模式的最主要的特征，即更注重商品使用属性，可获得属性，而不是物品所有权或是永久性。但是，它不涉及共享经济所提出的其他模型，如商品重新分配或协作生产。

综上所述，"共享经济"是用来描述一种商业模式，建立在个体资源共享的基础上，通过对等经济、协同消费等模式，实现需求对接，使消费者根据所需，获取物品资源或服务的使用权。

（二）共享经济的类型

通过文献整理，对于共享经济的类型主要有两种分类方法：一种是从行业领域的角度分类，另一种是从行为内容上分类。

（1）从行业和领域的角度，通过表 6-2 整理了共享经济类型的分类表。

表 6-2　行业和领域角度共事经济类型分类

	产品	代表企业
物品（COODS）	二手物品（pre-owned goods）	Ehay；craigslist；Kijiji；yerdle
	租借品（loaner products）	Rent The Runway；Pleyrlo；Rocksbox
	定做产品（custom products）	Eisy；Quirky；Shapeways；The Crommet
服务（SERVICES）	专业服务（professional services）	Desk；Bidwilly；Elance；Crowdspring；Freelancer
	个人服务（Personal services）	TaskRabbit；AnSies list；Taskangel；Instacart；Popexpert
交通（TRANSPORTATION）	共享服务（Transportation Services）	Uber；Lyer；BlaBltrCar；Sidecar；Hail
	租借交通工（Loaner vehicles）	Zipcar；Car2Co；DriveNow；RelayRides；Getaround

	产品	代表企业
空间（SPACE）	办公空间（Office space）	Liquidspace；ShnreDesk；DesksNearMe；Breather；Pivordesk
	住宿（Place To Stay）	Airbnh；Onefinestay；Vrbo；HomeAway；Couchsurfing
资金（MONEY）	放款（Moneylending）	LendingClub；Kiva；Prosper；Zopa；GreenNote
	集资（Crowdfuuding）	CircleUP；Kickstarter；Indiegogo；Gofundme；Crowdfunder

（2）从内容形式的角度，Rachel Botsman 和 Roo Rogers 在研究了上千份共享经济的案例后，将模式分类总结为以下三种类型。

①再分配市场（Redistribution Markets）。再分配的产品就是将物品从不需要的人群（或地点）转移到需要它的人群（或地点）。如 eBay（拍卖网页）；Craigslist（本地化的广告区域）；Swap.com；以及一些更细分的市场如 99dresses（衣物）、thredUP（儿童衣物）、yerdle（多种物品）。

这一类型的发展是由于互联网的广泛普及应用，新兴的网络交易平台从某种程度上改变了消费者的消费行为习惯。将自己的闲置物品，通过简单的对换或交易，产生新的利用价值，对于交易双方在资源和资金上都进行了最优化。

②产品服务系统（Product Service Systems）。这类服务是让参与者通过支付一定的费用，来获取产品的使用权，而不是拥有权。如 Zipcar, Getable, Snapggods, RelayRides, City CarShare, Velib, Bicycle sharing platform。

在这个系统中，企业作为一个平台，进行需求匹配，消费者能以低于商品的购买费用来共享或租赁私人所有的产品，从而达到使用目的，且不需考虑保养、保修等问题，因为产品所有权仍属于供给方，或提供此资产的企业。除此之外，很多产品对于消费者的价值体现在有限次的使用中，通过"租赁"空闲资源，既解决了空间的占用问题，又充分发挥此物品的再利用价值，比如 CD 或书籍。

③协作型生活方式（Collaborative Lifestyles）。这类共享经济通过建立平台，进行共享和交换非接触资源，如时间，技能，金钱，经验和空间。这类的企业有 Skillshare, Airbnb, TaskRabbit, Lending Club, LiquidSpace, Vayable, Time banks, Sel du Lac。

以上三种类型的消费模式都践行了共享经济的理念，在共享经济商业案例中交叉渗透，并无明显分割界限，但都是共享经济理念的集中经济形态。

（三）共享经济与 O2O

1. 电子商务

电子商务的兴起，促使企业的运作方式更加多变、复杂，推动了新兴商业模式的研究。在互联网环境下，电子商务成为企业商业模式变革的重要实现方式。所以说，电子商务充分影响商业模式的变革。

许多学者曾从不同的角度给电子商务进行定义，但至今没有明确统一的定义。电子商务源于英文 Electrmuc Commerce(EC)或 Electronic Businegs(EB)。在英文文献中，EC 强调通过互联网进行交易，侧重商务活动中的交易行为；EB 则包括商业组织通过互联网进行的任何活动，范围更广泛，包括商务活动的各个方面。

相对于传统商务方式，电子商务的应用能够获取更大的效益。本文的电子商务 O2O 形式是传统电子商务的发展，更注重社会化、本地化和移动化，从而比传统电子商务方式创造更多的经济社会效益。应用 O2O 形式的电子商务，是改革传统企业的必由之路，可以焕发传统企业的生机，并开发更多的新兴市场领域。

2. 共享经济与 O2O

随着 Web2.0 等新一代的信息搜索的发展和应用，由终端用户主导的内容和行为越来越多。传统的电子商务，无论是 B2B、C2B 或是 C2C，卖方是交易的主导对象，网络平台是支撑平台的商业模式。然而，社会化电子商务，买方是交易主导力，以需求为中心，以新兴的线上交易平台和无线终端为依托，实现线上线下的创新模式发展。

根据全球权威数据统计，截至 2014 年 8 月，全球人口有 71.8 亿（城市人口占 52%），互联网活跃用户有 29.5 亿（渗透率 41%），社交媒体活跃用户达到 20.3 亿（其中 Facebook 等世界性的社交网络活跃用户，已经达到 8 亿活跃用户），手机活跃用户多达 36.1 亿（渗透率 50%），移动社交活跃用户拥有 15.6 亿（渗透率 22%），而在中国，中国互联网络信息中心《2013 年中国社交类应用用户行为研究报告》指出，我国网民数量达到 5.38 亿（截至 2012 年 6 月），即时通信在中国整体网民中的覆盖率达到 86.9%，其中，微信覆盖率为 61.9%，社交网站覆盖率为 60.7%，微博覆盖率为 55.4%。从以上数据可以看出，社交性在人与人，人与物，物与物之间的连接中起到越来越重要的作用，也使传统的电子商务渐渐转为社会化电子商务。

正如前文所论述，O2O 电子商务模式已经逐渐将社会化、本地化和移动化融合于一体，人们可以在线上查看推荐或建议、评价，通过定位寻找本地或附近的产品和服务，通过网络平台进行支付和预订，在线下获取服务或产品体验，最后回到线上分享经验，确认支付。O2O 电子商务模式使用社会化媒体，支持社会互动和用户贡献，通过网络或移动平台来提升购物体验。这也是共享经济商业模式发展运行的核心过程。

O2O 环境下的共享经济商业模式具有真实性、互动性、公开性以及社区性的特点。

这也是共享经济与O2O模式组合的最佳表现。

O2O平台的共享经济商业模式，借助互联网平台，聚合本地线下闲置资源，利用移动终端位置的可追踪性，用户身份的唯一性等特征，可以获取海量的消费者信息，这些信息进行有效的分析，实现广告信息的准确投放，信息的精准推送，对于需求可以准确分析，提升了服务性产品的交易成功率，创造了全新的机遇，也改变了O2O环境下共享经济的消费行为和价值活动，促进共享经济商业平台价值链的创新管理。

共享经济商业模式，基于O2O形式和SoLoMo的特性，很多先进企业开创了共享经济商业模式，并且对接了线上＋线下商业生态圈的需求、社交、移动和本地服务成为此商业模式的创新因素。在准确分析用户需求的前提下，共享经济商业模式将提高用户的黏度和忠诚度，在价值链中产生更多的附加价值。法国著名的P2P私车共享旅途的企业BlaBlacar的成功之处就在于其盈利不是简单地靠广告，而是不断改善提升用户体验，需求者不仅可以查看出发时间、地点、车型、司机，司机的简单facebook数据，还为提供者增加了很多人性化选项，比如是否可以带狗，是否可以放歌，是否可以吸烟，可以将旅途分段接受预订。另外，Blahlacar还建立了系统的数据库和评级系统，供需用户双方都可以拒绝此次订单，互相评价，除此之外，在圣诞节等一些大型节日时，为了鼓励大家使用，推出各种减费活动。并且会将用户数据库通过分析，为用户进行邮件的日程推送，提供个性化服务，让用户体验有了全面的升级。

第二节　基于O2O共享经济商业模式分析及构建

一、共享经济型商业模式市场驱动因素

日益增多的共享活动和商业模式出现，其数量和影响区域都有爆炸式增长。Airbnb（私人公寓）、Zipcar（租车）、eRetah（通过月租费来阅读书籍）、SnapGoods（建筑工具）只是众多例子中的一小部分。共享经济由世界的变化因素驱动着，正如世界发展的加速，共享经济的商业模式也有远大的前景。作者通过查阅以往文献发现，经济变化是趋势驱动力，并归纳为即社会驱动，经济驱动，技术驱动三个类别。同样的分类也可以应用在共享经济的全球认可过程中，如图6-4所示。这些驱动因素如何互相作用表现在共享经济模型中以及如何被全球接受。

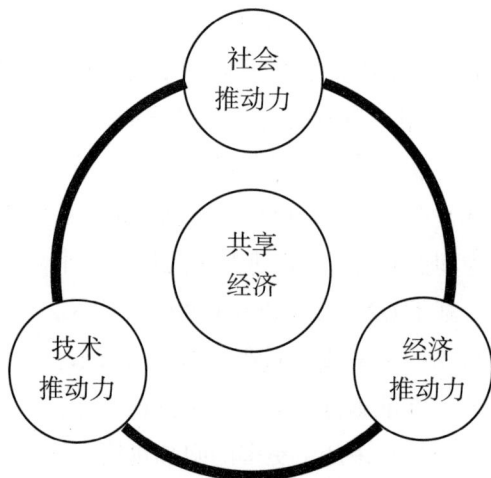

图 6-4　共享经济的驱动因素关系图

（一）社会推动力

（1）人口密度的增加。人流集中地区可以减少共享经济个体之间的摩擦。在密集人口的地区需求和供应量大，更容易进行需求匹配。有利于共享经济商业模式的发展。

（2）可持续发展驱动。越来越多的社会组织和人群认识到，人们的消费行为对环境的各方面影响。越来越多的企业实践企业社会责任（CSR）计划指示出环境问题的严重性和认同性。

（3）社交欲望。个人体现出强烈的与他人，社会的沟通欲望，尤其与所在区域的交流，与此同时，社交网络等新兴方式也促进了人与人之间的沟通和交流。

（4）利他主义。在极具挑战的世界环境中，对他人的责任感越发强烈。在此过程中指导别人旧的、新的社会规范。共享经济其中指导的一条社会责任，就是通过合作消费来确保可持续发展，从而为有限资源的有效使用做出一份贡献。

（二）经济推动力

（1）货币化过剩及空闲库存。空闲的资源就是那些拥有稳定特性，在长时间内保持原始的状态，而现在这些资源可以被共享和货币化了。Botsman 在报告中指出，一个电钻平均使用时间仅仅为一天中的 12 分钟，这一迹象表明了共享经济在空闲资源的利用中的关键性。

（2）财务日益灵活性。日益全球化的经济和通信发展，促使人们发现可以通过授权给独立的机构来经营自己的收入。除此外，人们发现也可以独立或自由地经营自己的收入。非业主（基金公司等）获得更大的灵活性，可以投资不同的产品。

（3）访问所有权。在共享经济商业模式中，一批本来没有能力支付享受昂贵奢侈品的消费者，可以通过共享经济获取。这也为商业开辟了新的利润市场，从而更有效地利用资源。

（4）风险投资的融资。投资者是共享经济商业模式崛起过程中必不可少的。先前的研究表明大约 200 亿的风投涉及 200 个共享经济的创新公司，每个公司平均获得风投 2900 万美元。

（三）技术推动力

（1）社交网络。社交网络提供一个开放的社交平台，促使个体之间更加方便地进行供给和需求的匹配，方便了 P2P 的交易。除此之外，社交网络已经成了一个大的信息网络，个体之间的联系从点到线到面，现在到多维的节点组合成的网络。彻底颠覆了人与人连接的方式，将原本永远不可能认识的人们通过特定的需求连接在一起。

（2）移动设备和平台。智能手机和其他智能终端（平板电脑等）的兴起，是企业发展共享经济的设备支撑。智能终端应用的发展，可操作性、便捷性、可视化都促进了共享经济商业模式的发展。

（3）无线网络和通信技术。无线网络的发展，提供了可移动性；全球卫星定位系统的实时映射为消费者提供了本地化和定位的服务，可以在任何时间任何地点，搜索附近可获得的服务、商品，有效地进行了区域和时间的供需匹配。

（4）支付系统。智能的电子商务需要快速、便捷、易操作的交易计价系统和支付系统。同时，只有保证支付的安全性和保密性，获取用户的信任，才能提高平台的使用率，才能促使交易环节成为一个闭环。分析现实状态，大多数的电子支付系统都是依赖信用卡，部分允许使用礼品卡、礼券、虚拟货币等。今后会有越来越多的数字货币，以及更便捷的支付方式和入口（电子钱包、二维码、NCF 等）。

二、基于 O2O 的共享经济商业模式价值网模型

（一）基于 O2O 的共享经济与传统消费模式对比分析

最传统的共享经济的构成活动和思想围绕租赁业务，在交换和出租商品，服务方面有很多成功的行业，如物品以旧换新、便宜变卖二手衣物、CD/ 漫画书籍租借、社区看管宠物等。出现电子商务商业模式后，出现了大型的电子商务交易平台，如 eBay 的拍卖网站，实现了物品两次甚至多次重复转卖，然后通过物流实现商品转移，通过网络支付完成交易。这种形式的商业模式缺少了线下的体验，物流运送也只能实现可打包运输的商品或服务，商业模式有局限性。

本文作者将传统电商的共享经济参与者抽象为"互联网交易平台""用户（需求方）""商家，用户（供应方）"。消费模式为商家或用户（提供者）将产品信息发布在网上，网上交易平台为消费者提供商品信息，消费者在经过选择及简单的网上交流后进行下单，商品通过物流配送（虚拟物品通过互联网文件传输）到达消费者手中，消费者通

过平台的支付系统完成支付确认环节，并在平台评价系统中进行评价，完成整个消费环节。它的消费模式，如图 6-5 所示。

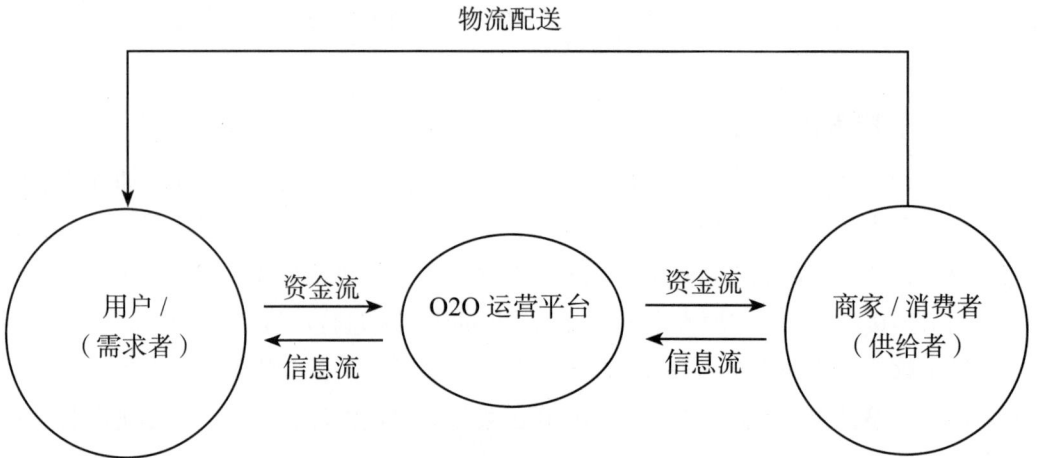

物流配送

用户 /
（需求者）

资金流
信息流

O2O 运营平台

资金流
信息流

商家 / 消费者
（供给者）

图 6-5　传统电商共享经济运营模式

这种模式的消费大多为一次性的，因为如果你买了一个旧的电饭煲，你的提供者如果同样也是用户，一般同样的二手产品只有一件，卖出后此商品的价值和所有权都发生了转移，作为消费者的你也不可能在近期对二手电饭煲有二次需求。所以这种形式的产品共享消费模式的用户黏度低，很多商品无法进行打包，商品或服务也无法通过这种方式进行消费。

而 O2O 形式的共享经济商业模式，恰恰解决了传统电子商务无法涉及的用户体验。不仅保留了原先的线上商品或服务搜索浏览的信息化和便捷性，而且可以通过新兴信息技术实现定位的无线移动网搜索，通过互联网进行预订或支付，然后在本地进行商品或服务体验及获取，最后通过多样化的新兴电子支付方式进行支付，在交易平台上进行评价，在社交网络中进行分享和推荐，从而完成一次完整的消费环节，如图 6-6 所示。

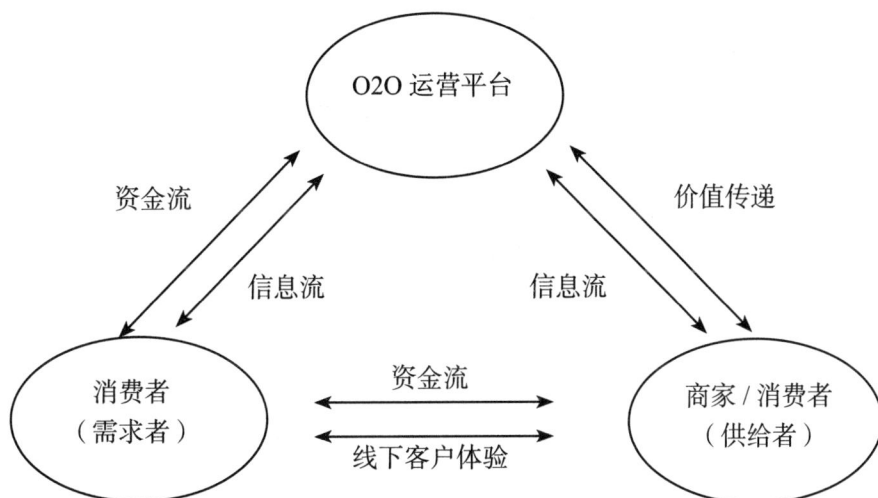

图 6-6　O2O 共享经济运营模式

综上所述，O2O 引领的科技手段和技术平台，充分将这些零散的个体活动，变成一个强大的业务网络。基于 O2O 平台的共享经济商业模式和传统消费模式相比，有以下创新，本文作者通过对比整理得出表 6-4。

表 6-4　共享经济和传统消费模式比较

分析因素	子因素	具体表现
创新性	新的交易结构	从单向的信息匹配（旧）→双向供需对接； 单纯线上平台，实体店→线上线下结合； 以商家为主导（旧）→以用户自身为主导
	新的交易内容	经营理念以共享，合作为主；交易内容注重产品的使用价值和需求满足，而不追求产品，服务所有权
	新的参与成员	将传统消费者转化为潜在的提供产品的消费者；第三方支付服务商；移动设备制造商；移动网络运营商；软件提供商；设备提供商；信用评估机构

续表

分析因素	子因素	具体表现
效率	搜索成本	通过网络定位技术，搜索技术低成本获取信息，甚至一些免费推送广告也降低了信息的搜索成本
	选择范围	选择范围更高效精准，定位、社交等因素可以更加有效地实现本地化消费
	信息对称	双向信息沟通，供应点的用户或商家不再是被动等待消费者，供应点一方也可以在平台上发布信息或主动寻找相匹配的需求方
	简化过程	支付方面，通过各种新兴技术，如二维码，电子钱包，手机银行，NCF 等方式进行移动支付。线上线下消费融合，不存在消费割裂性
	速度	O2O 交易平台不仅仅是产品的信息展示交易平台，更多的是需求点与供应点的连接平台，为双方供求进行快速的匹配对接
	经济规模	在美国，线上消费只占全部消费的 8%（中国 3%），O2O 共享经济带动本地消费
锁定性	转移成本	（忠诚度、主流设计、信任度、个性化设计）客户的黏度大，重复进行交易的需求大
	积极的外部网络因素	重复利用现代新兴科技，结合现有的商业模式，提供更多元化的用户体验
互补性	对客户的增值产品和服务	客户在消费过程中，体验到的不仅仅是服务或商品本身的价值，还有很多增值服务
	线上线下资产	从客户资源来说，客户的资源不再是割裂的线上线下，而是整合后的更易于管理的庞大资源；从市场营销来看，可以结合线上线下多渠道进行会员优惠、活动、推广；从产品来看，也不会仅仅限于固定产品和服务，更多的需求将被挖掘和实现
	科技创新	支付手段的创新、网络信息技术的创新
	交互活动	不仅是用户与用户，用户与平台，平台与商家都有了更多的方式，从而进行多维的交互活动

除此之外，信任机制是共享经济商业模式的重点，不管是传统的形式，还是 O2O 形式，信任体系的完善和多样化都有利于此商业模式的发展。

（二）O2O 下的共享经济价值网成员分析

O2O 视角下的共享经济价值网系统除包括 O2O 模型的基本价值成员外，由于新的"soLoM0"创新因素的加入，还构成了一个更加庞大的价值网，因此，价值成员包括消费者（需求方）、商家、消费者（供给方）、O2O 平台运营商、第三方支付服务商、移动营运商、移动终端提供商、软件提供商、监督机构等要素。

1. 消费者（需求方）

需求是整个价值创造的原点，所以"以客户为中心"的商业思维得到企业越来越多的重视，本文更进一步提出"以客户体验为中心"的思想。在共享经济消费中，消费者想得到的不仅仅是产品本身，而是产品的使用价值和功能。所以在这里，消费者更注重的是用户体验，整个享用商品或服务的过程。在这个过程中，需求得到满足，带动了某种商业模式的继续和前进，从而获取客户价值，维持客户价值，并创造新的客户价值。

在O2O模式下的共享经济，为提出需求的消费者进行价值创造。

①信息获取渠道多样化，更立体的产品，服务信息和商家信息；

②在线预订，节约了消费者时间，可以知道所需产品哪里有，有什么样的，更有目的地去进行用户体验；

③定位技术更加准确，为用户的需求进行对接，便捷的本地化消费会员优势凸显，优惠促销信息、活动信息可以在线上线下同时获取；

④支付方式便捷，客户可以对接最方便的地点和时间进行消费。资金流方面，通过各种新兴技术，如二维码，电子钱包，手机银行，NCF等方式进行移动支付；

⑤客户体验度提高，让消费者可以通过其他的社交账号进行登录各种交易平台，信用度直接与社交网络相连接。

问题：传统的线下价格比拼已不占优势，互联网的透明度高，信息面广，所以平台可代替性和竞争性都很大，需要抓住客户，保持忠诚度是一个关键问题，所以要更好地优化客户体验，提供更多的增值服务给予客户。

2. 商家、消费者（供给方）

共享经济模式不仅仅是让需求方受益，更要满足供给方的价值追求，商业模式的有效运作一定离不开所具有的利润空间，供给方是O2O共享经济商业模式健康运营的重要因素成员。同时，这种模式也为供给者带来了更多的商机和前所未有的价值。

①为供应方提供更精准的用户营销，信息匹配，有效交易；

②供应点的用户或商家不再是被动等待消费者，供应点一方也可以在平台上发布信息或主动寻找相匹配的需求方；

③更全面地反馈信息，更有利于供应方的分享机制；

④可以直接从社交账号上同步连接，不仅和个人信息相连接，甚至连接了其社交网络的其他朋友圈，在信任机制的建立上更加多维化；

⑤信息流更加通畅，可以多渠道进行产品的市场销售，推广宣传，促销优惠，活动组织；

⑥客户资源方面，商家可以将线下消费者和线上消费者资源进行整合，而不是割裂的客户信息，会员电子信息和会员实物卡可以通用。

供给方的信任度的评判和监管很重要，消费者是否能安全、放心地享有共享经济信任机制是保障，所以对供给方资格审查方面是一个棘手的问题。

3．O2O 运营平台

O2O 运营平台在共享经济商业模式中一般也是商家本身，是连接需求者和供给者的纽带，通过开放的信息化平台，在实现为消费者提供价值后，也要实现自身价值。O2O 平台获取的商机如下。

①拥有庞大的客户资源资产，其中的客户信息是一份巨大的财富；

②创造新的市场平台，成为一个开放的平台，吸引大量商家；

③是实施市场营销、推广、开拓的商家必争之地；

④帮助建立新的信任体系，重新定义人与人的关系；

⑤各行各业的接入口，通过这个平台可以延伸无限的增值服务和产品；

⑥盈利模式多种多样，创新是这个平台的特性。

O2O 运营平台的成熟运作，将成为各行各业的商业交易接口，也将改变人们的消费方式，生活方式和信息获取方式。但不善的经营运作，找不到正确的发展方向，也将是一个巨大的风险投资。

4．第三方支付服务商

第三方支付服务商是 O2O 共享经济价值网模式中的重要成员，支付系统的创新和完善将彻底改变整个交易形式，促进共享经济商业模式的发展，也是和其他普通信息平台的最大区别之一。在线支付的价值体现在电子支付、移动支付的方式已经深入人心，以及新兴的二维码支付、手机钱包、NCF 等都是最便捷的科技支付手段，这种支付方式进一步减少了纸质货币的交易。高效安全的电子支付方式将有效地帮助商家完成 O2O 线上线下的交易闭环。当用户借助网络及移动端口完成线下消费支付后，将用户消费行为传递至 O2O 平台，由此所产生的信息流在交易闭环回路中传递，从而实现线上线下的消费信息同步，企业也可充分分析海量的消费信息，分析消费者行为，帮助企业进行准确的决策。

5．移动运营商、移动终端提供商、软件提供商

这三者主要是为平台提供网络、设备和应用软件，是不可缺少的重要成员。移动网络端的各位成员在技术上支撑整个商务活动所需。不仅在硬件科技上寻求进步，不断满足日益强大的系统需求，而且在软件配备上也是紧跟硬件和网络的发展，不断更新换代。移动运营商可以说是用户在视同通信和网络接入服务中依赖的重要成员之一。

（三）O2O 下的共享经济商业模式价值网模型

在 O2O 环境下，离不开各个主体之间的相互合作，尤其是加入"本地化，社交化和移动化"创新因素的共享经济商业活动，需要抛弃单一的价值链模式，否则无法实

现合作共赢的局面，不能只专注于自己的盈利模式，所以，想要充分发挥各个主体的优势，商家平台必须更加开放，将这个O2O平台作为一种开放创新的平台，在基本价值下，鼓励各个主体在这个基础上发挥自己的优势，整合整个价值链条，构建O2O共享经济商业模式价值网。在价值网中，各个节点的主体之间共享客户资源，共享信息资源，共享市场渠道，共享行业价值。而各个主体之间也互为客户关系，存在着交叉的价值链条，只能追求整个价值链条的最大化，才能最终为用户实现最大的价值，从而为各个主体之间创造价值

　　基于O2O的共享经济商业模式，更注重互联网的发展，移动互联网相关技术和设备条件都直接影响此商业模式的发展进程。构建和完善线上线下共享经济商业模式价值网，能够合理融合各主体的资源与力量，推动各方经济社会的协同发展，以及完善和丰富各种经济活动内容。共享经济模式强调开放的平台，连接分散式的人力资源和物质资源，为双方用户（需求者和供应者）提供最有效的资源对接，强调使用而不是拥有，所以商家平台不能成为一个固定的封闭式平台，要有包容性和可扩充性，再加上各种移动互联网技术的支持，达到共享经济模式的最高效率。综上所述，平台的开放性，移动互联网技术的支撑，支付系统的完善，充分可扩展性、创新性，都是O2O共享经济商业模式构建中非常重要的理论意义和实际价值。

三、基于O2O的共享经济型商业模式构建

（一）商业模式创新因子

1. 连接人力资源和物质资源的分散式网络

巨大数量的潜在贡献者和需求者是共享经济得以运作的基本条件。只有潜在的巨大数量达到一个临界值的时候，才能发挥出共享经济商业模式的能量。O2O平台下的共享经济商业活动，是借助互联网技术，可以跨越时间空间进行供需对接，如共享汽车、共享空间、共享产品等，都是因为这些需求的物和人是分散化存在这个社会中的，随机性太大，这些资源或知识不受物理地域的限制，广泛地分散在社会中。所以共享经济商业活动的第一大创新点，就是将这些看似杂乱无章的物质资源和人力资源，通过自己的平台进行整合和集中，展示在这个开放的平台中，拥有特定资源又乐意共享出来的用户，可以通过发布信息的方式加入，通过这种方式，这个平台上的资源会越来越多，用户的自发性也就越来越强大，如图6-7所示。

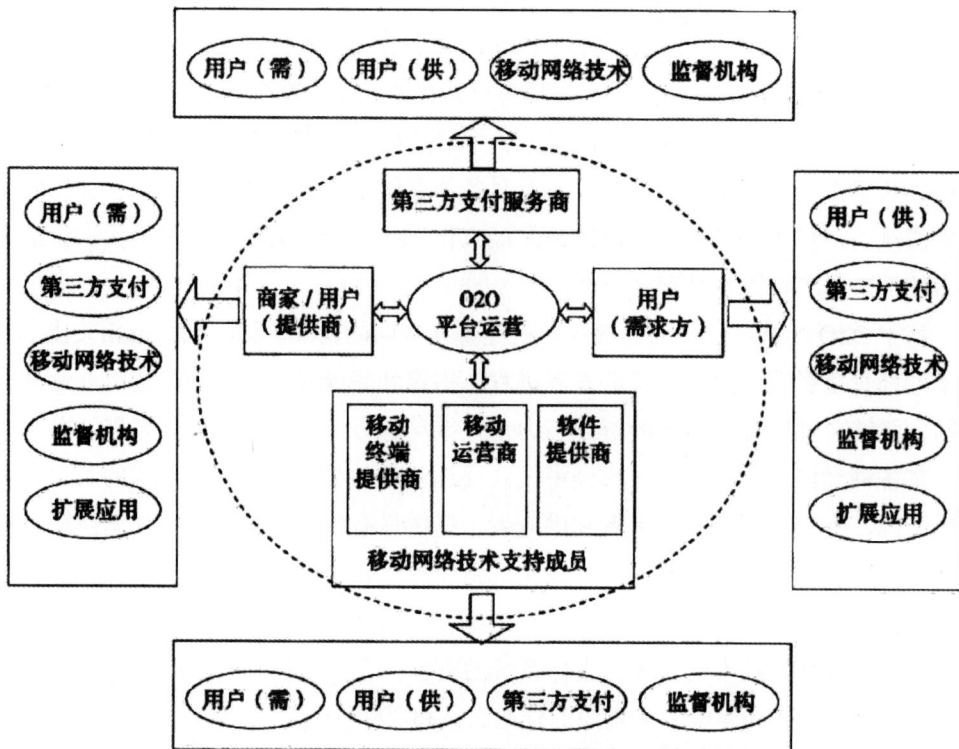

图 6-7 O2O 共事经济商业模式价值网

2. 充分利用有形和无形资产的闲置产能

闲置产能是共享经济的消费行为里最明显的重要特征。闲置产能往往具有未充分使用的时间，空间，物件等，是潜在的社会和经济价值。对市场来说，如果共享经济市场中的参与主体拥有的闲置资产吸引其他参与者，那就能以较低的边际成本将闲置资产或商品的使用权转出去，并且获得可观的边际收益。

而很多商品的使用次数是有限的，或者不会经常使用，对个体用户而言，这些商品在其他时间对别的用户来说可能是很有用的。所以共享经济充分体现了这一点，帮助闲置的空间，时间，技能，物品在恰当的时间找到恰当的需求用户，不仅降低了使用的成本，更延长了物品的使用年限和使用率。

3. 社交化

传统的电子商务模式中，以商业为主导的，商家通过网络提供产品和服务的信息，用户接入网络进行消费，即便是最后有对商品的评价功能，用户用平台进行的互动交流较少，对于用户来说，没有分享点评的动力。但是基于社交网络的共享经济商业活动，你的登录账号就是你的社交账号，你分享和推荐的页面，也从商家平台转移到了自己的社交朋友圈，你也可以通过自己的社交账号找到同样在使用这一平台，服务的朋友，可以分享自己的心得或体验。而口碑营销也是企业最大的财富，当达到一个临界点时，你即便不去做市场，每天也有大量的用户注册登录。

4．信任机制

共享经济商业活动建立在陌生人的交易上，所以一个完善可信的体系是发展并维持共享经济商业活动的重要机制。当一种新的商业模式产生的时候，要吸引用户去用，才能创造它的价值。由于平台的开放性和可扩展性，必然要面对注册用户的信任值，并通过活动中获得的一些指标来衡量。一般情况下，共享经济商业活动的账户和个人信息连接紧密，由于需要登录和支付，一般通过已有的社交账号或者通信账号来登录，从而获取了这个人的社会关系网，可以成为信任的一方面。另一方面，通过用户之间的互相评价和推荐，形成固定领域的评分机制，并转化为量化的信任值。

总的来说，共享经济商业活动的参与成员，都是拥有对此消费观念认同的用户，且愿意去尝试和接受的人，保持包容和谨慎是不可获缺的。在21世纪，新的信任网络，新的声誉无形资产都将重新被定义，并体现在各个方面，并改变人们对财富、市场、权利、个性的审查标准。

5．开放性、包容性和共同性

O2O共享经济商业活动平台，是需求和供给之间的媒介，它具有桥梁的作用，可扩展的插槽很多，所以只要符合条件的用户，都可能变成下一个潜在的供给者，价值的传递也不仅仅是商家和平台的关系，而更多的是用户和用户之间的传递。在共享经济中，用户都持有相同或类似的消费观念，环保观念，发展观念，所以不仅平台开放，用户的接受度包容度也很高。

6．移动化

共享经济商业模式通过LBS技术，实现了基于地理位置的创新服务。用户通过签到定位，获取平台提供的产品或用户信息，并且更加针对本地化，而商家或服务提供者也可以通过平台找到附近的需求用户，通过双方的信息对接和对比查看，服务提供方和需求方的信息对接成功。同时，用户还可以通过线下移动端扫描，获取相应的信息和优惠活动。

（二）基于O2O的共享经济商业模式总架构

基于对O2O环境下的共享经济商业模式的价值网中各个成员的分析，构建了O2O共享经济商业模式的基本价值网模型。在此基础上，作者通过对此商业模式创新因子的分析，从价值创造、价值获取、价值传递、价值实现的角度出发，整合各个主体之间的合作关系，构建出基于O2O的共享经济商业模式总架构，如图6-8所示。

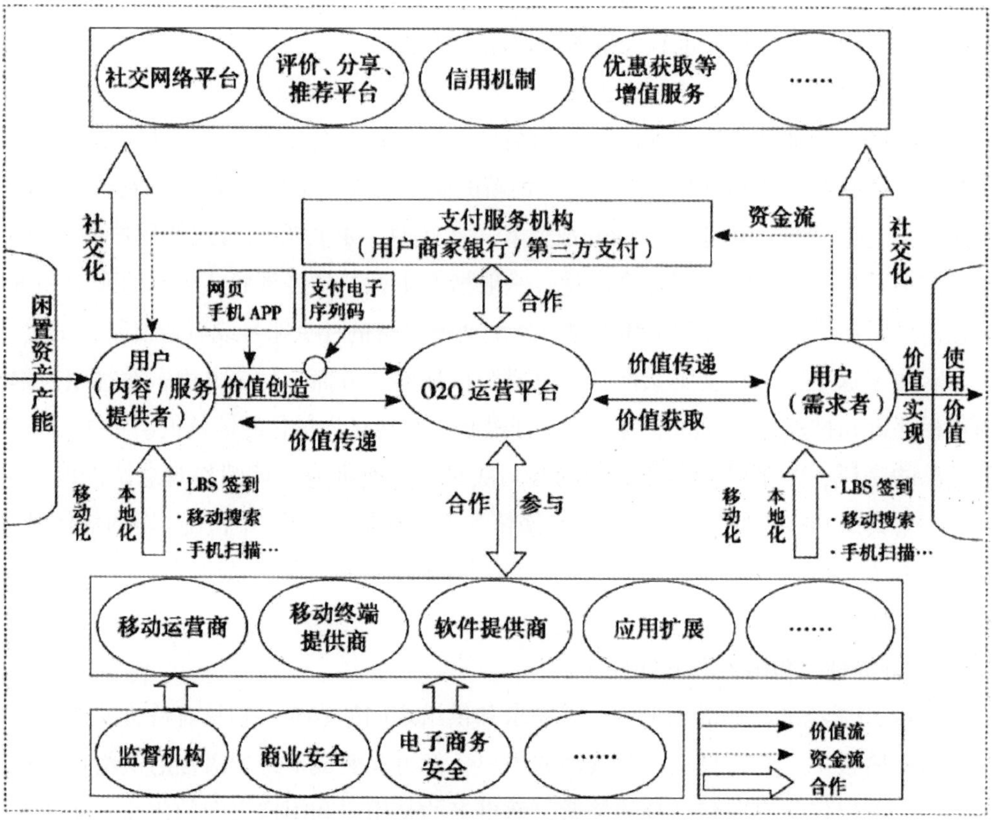

图 6-8 基于 O2O 的共享经济商业模式总架构

（三）平台盈利模式

（1）平台服务费。线上平台服务费收入是提供线上推广服务的费用。基于 O2O 运营平台，通过与另一用户（需求方）完成一次交易后，对此次交易抽取一定的费用，作为平台的运营管理费。很多共享经济运营平台对会员实行此种收费方式。比如法国的长途汽车共享商业平台，按照每次的交易，向消费方即用户（需方）收取 1 欧元到 8 欧元不等的费用，根据交易额来计算。除此之外，如 Zipcar 是通过向会员一次性收取年费 25 美元，然后用户之间可以随意进行交易。

（2）平台推广费。线上的平台推广费用，也就是所谓的信息整合带来的利润，主要通过平台的营销能力，掌握海量的客户基础，从而汇聚流量优势，开放平台的部分广告位，是推广收入的主要来源。平台的推广服务不仅可以按照地区个性化对用户进行推荐，而且对于本地区的服务提供者可以更加明确自己的用户群，高效地进行推广。

（3）线下户外收入。平台提供商可以采取线下展板的方式。如汽车共享公司 Zipcar，除有一定的会员车外，公司自己向市场一次性投放了很多车辆，很多车身上加载了户外广告内容。而 Airbnb 作为共享住宿的典型案例，很多加入 Airbnb 的个人还通过其他商家在家外家内增加很多商业宣传，从而获得一定的商业活动。而很多宣传是通过二维码、NFC 标签等移动科学技术实现。由此既降低了广告的浪费，又明确了营销的目标人群和受众，并方便更换二维码的内容。这些信息吸引了很多商家，也构成平台费收入的一个主要来源。

（4）增值服务。随着 O2O 平台对于海量用户数据的积累，其中，成功的 O2O 平台会越来越成为用户消费行为的数据中心，当数据资源累积到一定量之后，它会逐渐通过开放来鼓励更多的第三方开发者开发更丰富的 O2O 应用，以繁荣整个商业生态。平台掌握海量数据，如果通过流量分析工具，为合作主体提供数据分析报表就可以帮助他们进行管理决策，从而获取一定服务费。比如一些企业希望获取的信息，签到用户可以掌握签到顾客的频率和忠诚度，通过每日签到数可以掌握此业务的发展趋势图等。

（四）平台运营模式

1. 信用比价格更重要

最早开始的共享经济商业模式就是起源于相识的朋友或者同事之间，大家的圈子很透明，信任度也比较高，在整个交易过程中也比较踏实。共享经济商业模式后来发展到陌生人之间的商业活动中，所以这就需要平台运营商有一个良好的监督机制，信用评价机制和产品保护机制。比如，在拼车或私车共享商业活动中，Cetaround 给每辆车的保险额达到一百万美元，并且他们对每辆车都有配套的定位系统，通过总部平台能够监控每一辆车的情况。除此之外，Cetaround 也会对商业活动参与用户进行审查，需要通过 Facebook 等社交账号登录，与个人信息紧密相连。在信用评价体系中，共享经济商业模式，不仅是消费者对服务或产品的单方面评价，而且产品服务供应者也可以反过来对消费用户进行评价、推荐，形成双方的机制。也就是说，如果一个用户的信任度和推荐度很低，那么后面的供应者可以在接单时拒绝他的请求，这一措施也是对服务产品提供者权益的保障。

2. 互动营销（口碑营销）

社会化网络使得信息更加透明和可获得。评价机制也更多是双向互动型。一方面，用户对于服务或者产品的亲身体验，是最好的口碑宣传，也是最好的广告，借助庞大的社区网络，在用户之间进行的是病毒式营销。另一方面，通过用户的评价、服务提供企业可以更清晰地了解用户对商品或服务的需求。通过讨论区、活动区、调查问卷、优惠券等，激发用户分享，获得用户的反馈，加强与客户之间的关系。

3. 移动互联网营销

智能手机以及智能移动终端设备销售额的稳步增长，促使用户消费行为发生改变，也是移动互联网的浪潮来临的时代。用户用移动终端的网页版或手机 App，浏览所需的服务或产品的信息，通过定位和地图入口，快速进行供需对接，缩小需求范围，通过手机钱包等第三方移动支付技术进行无线传输，并进行预定或付款。获取所需的序列号或二维码或数字信息。从而在实体店或线下享受服务、产品，完成交易后，进行确定，资金会自动通过第三方支付系统返给商家。手机钱包里也不仅有信用卡，还包括各种会员卡、打折卡和购物卡等。用户再也不需要将各种卡片随时携带，只需通过电子支付中的应用，移动端贴近传感线圈，消费的最后一个环节就可以结束。在移动互联网时代，各种各样的个人商业活动信息都能以数字化的形式保存在手机里，方便人们使用。

（五）平台推广策略

1. 基于共享经济组织平台推广

基于O2O的共享经济商业活动，是被西方政府推崇的消费模式，在中国也越来越受到重视，大批共享经济、协同消费、合作经济等组织通过建立自己的组织机构，招贤纳士，与大批学者和商业精英一起推广和发掘出现的共享经济商业模式。它们通过演讲、出书、做报告、写评论文章等与社会各个领域进行有意向的合作，借此推动共享经济新消费模式。所以借助这类平台进行商业模式的探索，是非常有效的途径，可以在理论和实践上都获得一定的方向性指导。

2. 基于社交网络和移动平台的推广

社交性和移动性，是O2O下的共享经济商业活动的一大特征，所以通过移动商务平台和社交网络可以进行有效的商业推广。首先，移动网络和社交网络紧密连接，拥有数目庞大的用户群，国外有Facebook、twitter、Pinterest、Google、Linkedin、foursquare等，在国内有人人网、微博、微信、QQ空间等，所有的这些社交网络都已经有非常成熟的智能移动端应用，方便了人们的使用。而O2O共享经济商业活动多以这些社交网络账号作为客户，同时同步个人信息，并分享自己的共享经历。社交网络可以吸引朋友圈及好友的注意力，这种推广措施，充分发挥了每个人的朋友资源和个人价值网。通过好友邀请、邮件链接、通信录匹配等方式，与个人的社交网相连接，将充分发挥这个平台的价值，有效找到潜在客户群。

3. 基于促销激励的推广

当一个新的商业模式，或者一个新的应用出现时，尤其在信用体系还在建设的过程中，为了促使用户使用该应用，打破用户的心理防线，推广新的共享经济商业活动，首先需要给予第一批体验者一定的利益诱惑，通过大量的促销和优惠措施来吸引大家使用，从而建立起最开始的信任体系和使用注册人数。获取首批用户和潜在用户群，价格是个敏感要素，适量进行电子优惠码类型的促销，可以扩大用户规模。

第七章　基于互联网时代下共享经济商业模式应用创新

第一节　基于共享经济背景下的互联网商业模式创新

互联网技术的应用逐渐改变了人们的工作和生活方式，互联网技术的出现也催生了共享经济发展模式，并且随着社会现代化的迅速发展，人们对共享经济背景下的互联网商业模式逐渐接受并依赖起来。本章主要分析了在共享经济背景下的互联网商业模式概念以及互联网商业模式的创新发展。

随着我国现代化信息科技的创新发展，人们衣食住行的方式都有了新的变化，生活中也出现了很多让人们感觉到新鲜的生活体验。受到多元化时代发展的影响，人们对新鲜事物的接受能力越来越强，共享经济理念一经推出就受到了人们的欢迎。在共享经济发展的背景下，新的互联网商业模式也像雨后春笋一般迅速地出现和成长起来。

一、共享经济背景下的互联网商业模式

在共享经济背景下发展起来的互联网商业模式，属于一种新的商业发展模式，通过与现代化互联网信息技术结合形成了各种各样的互联网技术平台，人们能够在平台上有偿、公平地享受社会资源，通过不同的方式来付出和收获来带动人们共同享受经济的发展成果。共享经济背景下的互联网商业模式，也就是通过统一的互联网信息技术平台，在短暂的时间内把自己的个人物品使用权有偿转移给其他人使用，这样既不会导致物品资源闲置，同时也能够为他人提供方便。其实在社会发展过程中，共享经济早就已经出现了苗头，如房屋租赁以及货车租赁等行业，就是把闲置的资源进行有偿分享。在共享经济发展过程中，依托现代化互联网信息技术的创新性，让资源的整合分享更加高效，因此，共享经济逐渐得到了更多群体的关注。

例如，在北京工作的小王自己拥有一套正在还贷中的三室一厅，还拥有一辆桑塔纳轿车。2014年，小王了解到有越来越多的人开始利用互联网提供拼车。这时候小王想到自己只是一人上下班，如果能够跟其他人一起拼车，这样还能赚一点油费，因此

小王下载了相关软件，在上下班时，他可以为其他人提供拼车。在限号这一天，小王会跟其他人一起分享车辆资源，通过亲身体验，小王认为这种拼车方式非常方便简单，并且经济实惠。在日常生活当中，小王还了解到互联网平台上存在拼房居住的相关信息，于是他将自己闲置的一间卧室进行出租，为一些来京开会或者是求学考试的人暂时居住几天，每天的收费标准是 100 元。在闲暇时候通过与天南海北租客的聊天开阔了小王的视野，大家相处得非常愉快。

通过以上的例子，我们可以看出，共享经济创新发展的重要本质，就是能够将人们生活当中闲置的物品充分利用起来，并且进行有偿共享，这样既不会让物品闲置，也能够为其他人带来方便。共享经济的主要内容是相关服务或商品，通过共享经济平台，为供需双方提供便利。共享经济背景下的互联网商业模式，是以人们手中的闲置资源作为交易基础，通过平台匹配供需获得相应的利益回报。共享经济模式的发展虽然并有很长的历史，但是短时间内就迅速地渗透到了各大城市当中，并且在垂直领域得到迅速发展。互联网共享经济的发展主要是基于现代互联网信息技术的发展，以及在生活和工作中产品过剩而出现物品短暂的闲置等因素的共同作用下，共享经济背景下的互联网商业模式迅速成为人们的一种新的生活方式。人们在生活和工作中都能够接触到共享经济的发展带来的改变，如房产、出行、教育以及众筹等，人们在互联网平台中进行交易，彼此的身份更加平等，由互联网平台进行约束，人们的交易也更加安全。目前，我国互联网商业创新发展的方向主要有住宿、交通、物流等几个方面。

二、共享经济背景下商业模式的创新趋势

（一）消费理念的改变

互联网在没有得到广泛应用时，以往的商业模式的应用规模比较大，信息之间无法进行高效传递，所以会在一定程度上增加交易成本，并且各方之间没有建立起稳定的联系，信任关系无法长期建立，这样在实际运营的过程中，就会存在较大的风险。而互联网的应用则可以改善这一不良现象，尤其是在云计算等互联网优势不断凸显的同时，不仅信息可以实现高效对接，而且可以依托技术对数据进行充分挖掘，根据评估体系去衡量信誉等级，从而充分激发市场活力。在此基础上，消费者更加关注的则是对商品的持有权，尤其是部分花费高、折损快的商品，消费者往往更愿意通过接受出租的形式来从减少商品的损耗。

（二）供需关系发生变化

共享经济的出发点就在于优化资源使用布局，促使其达到最大化应用，这样不仅能够使得其利用率显著提升，而且能拓展其受益范围。因此，我们不难发现，共享经济所带来的最为明显的积极作用就是从根本上提高了资源供给能效，资源可以在最短

的时间内得到迅速分配，这就使得其优势被有效拓展。以互联网为前提，共享平台能够进一步提升供给速率，供求双方只需要对交易时间进行确认，就能迅速完成交易。站在需求方角度来说，同样是获得商品，当社会供给量增加时，价格就会呈现出下调趋势，在这种环境下，消费者的购买力不仅没有缩减反而会增加，从而刺激了消费需求，增强了社会经济的活力。

三、基于共享经济背景下的互联网商业模式创新发展

（一）住宿共享

在住宿共享行业发展过程中，主要是房屋所有者在互联网技术平台上，将自己能够为租客提供住所的相关信息展示出来，然后当顾客登录相应的平台看到信息之后，就可以完成相应房屋的租住预订。在住宿共享交易过程中，平台会跟租客以及房主进行双向的收费，每一个成功预订的订单，平台跟租客收取 6%~12% 的费用，跟房主则收取 3% 的交易费用。在我国国内类似的平台有蚂蚁短租、小猪短租等平台。途家也是其中一个平台之一。

（二）交通共享

交通共享涉及路途拼车以及汽车租赁两个方面。在国内有滴滴专车等拼车服务软件，国外有 Uber 等拼车服务软件。不管是国内还是国外的相关打车软件，还有在城市中新推出的拼巴士等服务，这些都属于共享经济发展背景下的互联网商业模式创新代表。在前文中举例说明的小王，一开始就下载了相应的平台软件，平台的资格审核门槛并不高，只需通过审核之后，就能够将爱车跟其他人进行拼车。车主在平台上接单之后，并跟乘客沟通交流达成共识，按照规定的时间接乘客并把乘客送到目的地。乘客结束拼车之后，在平台上可以进行费用的支付和乘坐评价，平台会根据不同的评价内容，给予车主不同的评级，为下一个乘客的选择提供参考，这就是整个平台的主要运营模式。

（三）物流共享

物流共享首先需要具备物流能力的第三方个人以及相关企业，能够通过统一平台的注册和身份审核，在平台审核通过之后，针对顾客提供物流服务或者提出物流的相关需求，从而实现科学合理地分享物流资源目标。如我国物流行业中的菜鸟物流就属于共享经济模式发展企业，菜鸟物流充分利用互联网信息技术，在企业发展过程中形成了统一的数据应用平台，并能够在平台上为不同的物流企业、电子商务企业以及仓储企业等提供相应的物流服务。类似的物流共享平台还有易配通以及配货宝等。

（四）个人服务共享

个人服务共享主要是体现在家政服务行业当中，例如，当前比较受欢迎的美容和美甲服务、月嫂服务、保洁服务等。传统家政服务的工作范围比较狭窄，大部分都是依靠熟人介绍或者是公司推介。但是在共享经济模式发展背景下，家政服务的工作范围更加广泛，同时，人们能够直接查看提供服务人员的相关评价，由此对其服务有一个更加客观的认知。家政服务人员也可以利用自己的零散时间来为一些需要帮助的人提供有偿帮助。对一些既有家政专业能力又赋闲在家的人来说，家政服务行业属于非常好的就业机会。

（五）社区商超共享

目前，各个电商企业都开始逐渐开创生活 OTO 市场，电商企业逐渐认识到"一小时商圈"的重要性，其中，比较典型的商业模式就是社区商超共享模式。社区商超共享模式能够让商品的流通模式效率更高。社区商超共享能够为顾客提供移动平台上的便捷服务，客户能够直接使用手机里的移动客户端进行下单，平台接到订单之后及时地处理，并安排物流工作人员进行配送，人们足不出户就能够享受便捷的购物。

现代化网络技术的发展，为消费者提供了越来越多的便利条件，共享经济的出现就是最好的例子，共享经济带动了互联网商业模式的发展，互联网共享经济模式的出现，有效促进了社会经济的稳定发展。

第二节　基于 SWOT 分析共享经济商业模式在农村的应用

随着移动互联网的快速发展，一种新型的商业模式——共享经济开始风靡全球。在我国，共享经济的发展更是遍地开花，如共享交通、共享空间、共享办公、共享教育等共享商业模式蓬勃兴起。那么，共享经济在农村是否也能够得到广泛的应用具有重要的研究价值，本节研究共享经济在农村的应用所面临的机会、威胁、优势、劣势，并以此为基础对农村共享经济商业模式的发展做出了展望，为共享经济在农村的应用研究提供参考。

目前，学术界对共享经济的研究主要集中在两方面，一方面是对共享经济实际案例的研究。唐清利、彭岳以专车为实例研究，发现共享经济存在政府监管问题与法律空白，并提出相应的对策与建议。郑志来、刘奕、夏杰长以 Uber 和 Airbnb 为实体分析了共享经济的起因、含义以及运营模式，并在此基础上提出政策建议。另一方面是对共享经济的理论研究。乔洪武、张江城研究"共享经济"促使市场竞争伦理新范式、社会新消费伦理和社会新信用伦理等经济伦理新常态的建立。唐纯指出共享经济对经济结构调整有增强供给能力、提高资源利用率、降低交易成本、创造就业机会、拉动经济增长等 7 个作用。高原通过分析我国共享经济产生的原因、利弊认为，共享经济模式是未来社会的发展趋势。不难看出学术界从不同的角度分析共享经济的利与弊，从农村角度出发分析共享经济还很少见。

一、优势（strengths）

（一）提高了农村闲置资源的利用率

共享经济的实质是提高闲置资源的利用率，农村存在大量闲置的土地和住房资源。主要是因为农村大量青壮年外出打工，留守农村的多数是老人和小孩，因此，土地无人耕种，只能让土地荒废。对老人而言，儿女常年在外，只有逢年过节才回家住一段时间，导致农民的住房长时间处于闲置的状态。如果共享经济商业模式在农村得以发展，不仅可以使农村闲置的土地和住房资源得到有效利用，而且是解决"三农"问题的有效途径之一。

（二）价格优势，有利于共享经济在农村的发展

由于农村居民消费水平较低，对选择物品或服务的价格因素占比较大，而共享经济商业模式是供方与需方通过第三方共享平台直接交易，没有传统的供应商、制造商、渠道商等中间环节，物品或服务的成本会低。因此，交易价格具有明显的优势，有利于共享经济在农村发展。比如爱回收共享平台下的二手手机便宜实惠，对农民而言，只有具备相应的购买力，才有强烈购买欲，所以他们选择在共享平台上购买商品或服务的机会会大些。

（三）加强了个性化和定制化的需求

当前，客户的需求多样化，单一化和标准化的物品和服务难以满足需求。在共享经济背景下，农民可以在共享平台上提供个性化的住房以及自己种植的蔬菜与水果，客户可以在共享平台提出到乡村体验另一种生活的需求，而共享平台在先进的云计算和大数据的技术下实现快速匹配。如农民在 Airbnb、小猪短租和途家网等共享平台发布个性化的住房，并配置相应的有机蔬菜或土特产，这样客户不仅能享受到物的住房舒适，而且能品尝到农村的有机蔬菜或农特产，还能让客户有家的感觉，从而发挥空间共享的核心思想。

二、劣势（weaknesses）

（一）农民固有的传统观念

在农民的思维理念中，把对物品的占有权看得非常重，而共享经济的理念是注重

物品的使用权而非占有权。这就导致了农民宁愿将物品或服务闲置，也不愿与他人共享，因为这样满足了他们心中的占有欲。例如，Airbnb 在国内的房源大多数是二手房东或中介，在中国 Airbnb 网上搜索到成都只有 300 套房源，来自成都当地农民的房源几乎没有，且不足成都一个小区的房源多。所以共享经济在中国农村没有发挥其原本真正的价值的原因之一就是农民固有的传统观念。

（二）农民对互联网应用技能缺失

共享经济迅速发展的原因是互联网的应用普及。不过，截至 2016 年 6 月，我国网民中农村网民占比仅为 26.9%，主要原因是农民缺少互联网知识，很多农民不上网的原因主要是"不懂电脑 / 网络"；农民对互联网的应用技能还非常薄弱，所以在完善农村互联网基础设施的同时，要通过加强对农民互联网应用技能的培训来促进共享经济在农村中的应用。

（三）农村个人信用体系缺失

共享经济在农村发展与壮大的前提是要有良好的信用体系，而我国农村的个人信用体系缺失，严重阻碍了共享经济在农村的有效发展。共享经济领头羊 Airbnb 为什么在美国农村发展很好，主要是因为美国有健全的个人信用体系，每个美国公民都有一个社会安全号，用于记录公民一生的信用度，而这个信用记录数据会由专业的第三方信征机构管理。所以 Airbnb 通过美国个人信用做保障，促进了共享经济在农村的有效发展。目前，我国的个人信用还没有成型的体系，我国的信用体系主要表现在银行贷款信用，而多数农民的传统思想是"不花明天的钱"，所以农村个人信用体系的缺乏，阻碍了共享经济在中国农村的发展。

三、机会（opportunities）

（一）抢占商机，开拓农村市场

目前，我国还没有共享公司来开发农村市场，共享经济商业模式应用比较好的滴滴顺风车在农村也没有得到完全开发，因此，农村的共享经济商业模式还有很大的开发潜能。一方面，为需求者提供更多的个性服务。如城市里的妈妈们想身临其境地教育儿女珍惜粮食，热爱劳动，就可以在农村共享平台上提出到农村去生活实践的需求，在云计算和大数据的技术支持下实现最快匹配，从而给供需双方创造了商机。另一方面，农民有大量闲置的住房和土地，农民有特色农产品，完全可以通过共享平台发布供应信息，共享公司从这些交易过程中通过抽成而获利。

（二）拉动农村经济增长

一是农民把闲置的资源通过共享平台上进行交易而获利，促使农民增收。二是目前在我国产能不均衡的背景下，共享经济的出现既可以去产能，又可以填补产能的不足，有利于改善生产、分配和消费结构，从而减少了商品或服务在供给与需求之间的流通成本，并加速了农村商品在城市的流动，长远来看，会带动农村经济的增长，缩小城乡差距。

（三）政策红利

国家政策支持在中高端消费、创新引领、绿色低碳、共享经济、现代供应链、人力资本服务等领域培育新增长点、形成新动能。同时，在"三农"问题中，国家也明确提出要促进农村一二三产业融合发展，支持和鼓励农民就业创业，拓宽增收渠道。

四、威胁（threats）

（一）开拓农村市场困难

目前，我国共享经济在农村的发展非常缓慢，在开发农村市场上没有一个明确的指引。由于农村常住青年人少、地势险峻和农民文化水平偏低等特点，开发农村市场的战略与城市是完全不一样的，所以共享公司前期开拓市场会面临各种各样的挑战。这些主要困难表现在一下几个方面。一是农民消费水平低，商品或服务的价格定位不能过高，共享平台盈利非常困难。二是农村常住青年人少，前期开发市场的宣传难度大，并且宣传效果不明显。三是农民文化水平有限，不知道怎么使用共享平台 App，前期开发会有一定的培训服务成本。

（二）农村发展共享经济的基础欠缺

我国农村共享基础设施主要是互联网设施没有完全普及。据中国互联网络信息中心（CNNIC）的统计，2016 年农村网络的普及率为 26.9%，城市网络的普及率则为 73.1%，城镇地区互联网普及率超过农村地区 46.2 个百分点，这一数据说明农村与城市之间还存在很大的差距，这就导致了共享经济在城市中盛行的现象。农村的智能手机与电脑设备还比较缺乏。出现这个想象主要有两方面的原因，一是农村消费水平低下，智能手机和电脑不是每家每户都具备。二是农民自身文化水平有限，使用智能手机和电脑的比例不高。从整体来看，共享经济虽然在有些交易中存在了，但是一直没有得到很好的发展，主要原因是共享经济的发展需要一定的物质基础。

（三）面临严峻的管理问题

由于农村地广人稀的自然条件，共享公司要在农村发展将面临严峻的管理问题。以共享单车进入农村为例，农村地广人稀、地势陡峭，不但使用量小，很难形成规模经济，导致共享公司盈利非常困难，而且还要面临维修车辆的困难，以及实现快速调度的难度加大和丢失等问题。

综上所述，在共享时代背景下给创业者带来了很多机会，目前，虽然共享经济在农村的发展中已经具备了大量闲置的住房和土地资源，但要在农村成功交易还面临着很大的挑战。

第三节 共享单车的现状与发展

在互联网时代，共享自行车作为共享经济的代表性实践之一，受到了社会广泛的关注。共享自行车是一种结合了交通和互联网的应用形式，也就是说，真实物体和互联网的结合。本节概述了共享自行车的起源和发展现状，讨论了基于 o2o 的共享经济业务模型的构建，然后对 ofo 和摩拜的业务模型进行了分析，提出了自行车共享发展的建议。

一、共享单车的发展现状

（一）共享单车的起源

自行车共享是公司在如，学校、公交站、地铁站、小区、商业街等其他公共区域提供共享单车，这是一种新型的共享方式。当用户打开共享自行车应用程序时，可以查看附近可出租共享自行车的分布图。当你找到一辆共享自行车时，你可以用手机扫描二维码来解锁自行车。骑完自行车后，你可以将车辆停放在共用自行车的特定地点，并锁好自行车。中国的共享自行车市场经历了三个发展时期。第一阶段是 2007—2010年，第一阶段的共享单车模型是从国外引进的，这个模型是政府来主导的，实施城市区域管理，重点是单车堆放。第二阶段是 2010—2014 年，开始出现专业的自行车公司，但是自行车依然是推挤如山。第三阶段是 2014 年到至今。

2017 年，中国共享自行车产业呈现出爆炸性增长。从供给方面看，2016 年，约有200 万辆自行车投入使用，覆盖 33 个城市；2017 年，约有 2300 万辆自行车，覆盖 200个城市。从需求方面看，2016 年，行业注册用户总数达到 18864 万户，自行车总里程达到 25 亿公里。2017 年，用户增加到 22100 万户，自行车出行总里程达到 299.47 亿公里。共享自行车正以前所未有的速度增长，远远超过在线汽车预约、外卖、电子商务等其他互联网经济领域。

（二）共享单车的管理模式

在民营企业主导的经营模式下，由于其主要追求利益，所有的出发点都是追求最大利益，因此在这一环节，他们自己申请相关项目的建设，如果政府部门通过，他们就可以根据自己的情况进行管理和建设。一般来说，这种共享自行车的出现是由于市场环境的需要。在一些著名的旅游景点，没有非常多的自行车租赁场地，可以有各种形式的共享自行车，供游客在欣赏风景时用。

二、共享单车的发展建议

（一）加强平台数据安全管理

在经济共享的商业前提下，网络平台成为重要的工具。共享单车公司创建的数据库与公司的经营管理有直接的关系。因此，公司一定要注重平台网络管理安全，保证客户的信息安全，打造良好的公司形象。

（二）建立共享单车反馈系统

面对日益激烈的市场竞争，大型共享自行车公司要搭建用户反馈系统，通过不断创新来提升产品质量和使用者体验感。

共享经济作为一种新的商业模式，近年来，在我国引起了越来越多的关注。借助共享经济平台，人们可以共享闲置资源，实现资源使用权而不需要购买资源，从而提高资源的利用效率。共享经济在保护环境、缓解城市交通拥堵现象、节约人们因购买而产生的费用等方面发挥了很好的作用。

参考文献

[1] （美）雷切尔·博茨曼，路·罗杰斯.共享经济时代 互联网思维下的协同消费商业模式 [M].唐朝文，译.上海：上海交通大学出版社，2015.

[2] （美）唐·佩珀斯，玛莎·罗杰斯.共享经济 互联网时代如何实现股东、员工与顾客的共赢 [M].钱峰，译.杭州：浙江大学出版社，2014.

[3] 放牛哥.共享经济 [M].北京：中国纺织出版社，2018.

[4] 广东省网络文化协会.广东省"互联网+"现状及发展大数据分析报告 2015 版 [M].广州：广东人民出版社，2016.

[5] 郭泽德.共享经济 缘起+动力+未来 [M].北京联合出版社，2016.

[6] 李鸿诚.共享经济 "双创"背景下的共享模式创新 [M].北京：企业管理出版社，2017.

[7] 李晓磊.共享经济背景下"互联网"+小微企业创新发展研究 [M].北京：经济管理出版社，2018.

[8] 孟根龙，杨永岗，贾卫列.绿色经济导论 [M].厦门：厦门大学出版社，2019.

[9] 张勇.共享经济大战略 [M].北京：中国言实出版社，2017.

[10] 张赵晋.共享经济 互联网思维下商业模式的创新性研究 [M].长春：东北师范大学出版社，2017.

[11] 赵晓等.共享经济 2.0 谁将引领明天 [M].北京：经济日报出版社，2018.

[12] 董成惠.共享经济：理论与现实 [J].广东财经大学学报，2016，5.

[13] 郭全中.共享单车，能飞得起来吗 [J].互联网经济，2016（11）：16-19.

[14] 韩倩倩.共享单车背后的资本混战 [J].中国战略新兴产业，2017（3）：50-52.

[15] 何兆东.共享单车：市场在用户 PK 中将走向寡头还是垄断?[J].商业文化，2017（4）：28-31.

[16] 黄淑楠.共享经济时代互联网金融新商业模式探讨 [J].中国战略新兴产业，2018（44）：49.

[17] 江其玟，陈双.基于共享经济的互联网医疗商业模式创新——以"春雨医生"为例 [J].上海商学院学报，2018，19（04）：29-35.

[18] 蒋光宇.共享经济浪潮下企业发展方向探讨——以滴滴出行为例 [J].现代商业，

2017，3：123 ~ 124.

[19] 金胜勇，苏娜 . 经济效率对信息资源共享的观照透视信息资源共享的首要问题 [J]. 图书馆工作与研究，2006，2.

[20] 李怀勇，张贵鹏 . 基于共享经济的商业模式创新 [J]. 商业经济研究，2017，1.

[21] 李立娟 . 共享单车迎来监管潮 [J]. 法人，2017（3）：40-41.

[22] 李林峰 . 以摩拜单车为例试分析共享单车如何获得可持续盈利 [J]. 现代商业，2016（35）：110-111.

[23] 李艳 . 共享单车呼唤"共享诚信" [J]. 中国商界，2017（3）：90-91.

[24] 梁薇 . 共享经济在互联网时代的商业模式与发展浅析 [J]. 时代金融，2018（36）：424+426.

[25] 刘倩 . 共享经济的经济学意义及其应用探讨 [J]. 经济论坛，2016，9.

[26] 刘奕，夏杰长 . 共享经济理论与政策研究动态 [J]. 经济学动态，2016，4.

[27] 任锦泽 . 互联网经济背景下的商业模式创新——以必要商城为例浅谈 C2M 商业模式的发展 [J]. 新闻研究导刊，2017，8（13）：62+65.

[28] 汤天波，吴晓隽 . 共享经济："互联网 +"下的颠覆性经济模式 [J]. 科学发展，2015，12.

[29] 王婷，李帆 . 基于 SWOT 分析的"共享单车"盈利模式的对策研究 [J]. 江苏商论，2017，14：47-48.

[30] 徐敬红，陈曦，韩欣妍，李岩松 . "互联网 +"时代共享经济商业模式创新研究 [J]. 现代经济信息，2018（08）：340.

[31] 薛强 . 国人共享单车使用情况调查 [J]. 金融博览（财富），2017（1）：24-26.

[32] 杨帅 . 共享经济类型、要素与影响：文献研究的视角 [J]. 产业经济评论，2016，2.

[33] 张红艳，范嵩，王希，何文豪 . 互联网共享经济模式分析 [J]. 现代商业，2016，1.

[34] 周旭如 . 共享经济：互联网 + 时代的商业模式创新 [J]. 成功营销，2018（11）：68.

[35] 祝碧衡 . 共享经济开始改变世界 [J]. 竞争情报，2015，3.